千寻 与世界相遇

千寻 Neverend

选题策划　姚湘竹
项目编辑　云海燕
装帧设计　木
内文排版　史　明
责任印制　盛　杰
营销编辑　火　包

门

傅国涌 编著

童课 与世界对话 **与门对话**

晨光出版社

推荐序

"让学"真难！"让学"真好！

王尚文

关于教育、教学，古今中外相关论著浩如烟海，我最服膺的是海德格尔的如下发现："教所要求的是：让学。"（海德格尔著，郜元宝译，《人，诗意地安居》，广西师大出版社 2000 年版，第 20 页。）"让学"者，让学生自己去学之谓也，这不是最简单最容易的事吗？

其实不然。一个"让"字，奥妙无穷，学问可大着呢！从最表层看，"让"既可以是"逼使""强制"，也可以是"激励""诱导"。当然，海德格尔所指的绝非前者，他说："称职的教师要求学生去学的东西首先就是学本身，而非旁的什么东西。"

这就要求教师首先要让学生爱学、会学，使学本身成为学的对象，成为学生自觉、主动、积极的意愿与行为，而不是应付的、被动的、消极的无奈之事。必须严格加以区别的是，海德格尔所要求的首先是学本身成为学生意欲的对象，而不是指所学的内容和结果所带来的好处、利益，例如升学什么的。升学也能够激发学生学习的动力，有时甚至还很强大，但有的学生真正感兴趣的不是学本身，而是考试的分数，不还有"分，分，分，学生的命根"的说法吗？没有分数，没有分数所带来的升学结果，也就没有他们对学的一点儿兴趣。

在我尚未退休时曾就如下一个假设咨询过一些语文教师和中学校长：如果中考、高考不考语文，学生的语文学习将会出现怎样的状况？他们无一例外地说：恐怕就不会有人学了。显而易见，这些学生所真正感兴趣的是分数、升学，而不是学本身。君不见，有的学校教室里墙上就挂着两双鞋子，一双草鞋，一双皮鞋！学则能穿"皮鞋"，这并非对学本身有什么兴趣。常听说一些高三毕业生在高考考完最后一门后，就把书一页一页地撕掉，抛向天空，高呼万岁！另有一些稍为精明一点儿的学生则将书一捆一捆包扎得端端正正，摆在校园里卖给下一届同学。这不是海德格尔所说的"让学"，他所说的"让学"就是要让学生对学本身基于责任、意义与热情的如饥似渴！由无所感觉而如饥似渴，难！真难！说教，苦口婆心，甚至声泪俱下，有用吗？用钱收买，有用吗？贾政把贾宝玉打得死去活来，有用吗？无一顶事！

当教师，不容易！当一个"让学"的好教师，难上加难，难之又难！但并不是做不到的事！少年儿童本身一般都有向学的潜在需要，"让学"之难，难在启发，引导，点燃！前提是具有"教育爱"，一种仁爱之心、同情之心使他起码能把学生的成长摆放在学生升学、自己饭碗之上，并且明确教师之教不单单是为了学生日后的成就，同时也是为了当下的成长！正如加拿大教育家马克斯·范梅南所指出的，"教育的关系不只是奔向目的的手段，它在它自身的操作中找到了它自身的意义"；"换句话说，成人和孩子间的尊重、热爱和情感在他们相互体验到的现在的快乐和满意中，而不是将来的利益中，找到了它的意义。"（［加］马克斯·范梅南著，李树英译，《教学机智——教育智慧的意蕴》，教育科学出版社2001年版，第99页。）这样，"让学"就可能真正成为现实。傅国涌先生的"国语书塾"就在当下为我们提供了可喜的成功范例。

"国语书塾"的宗旨是以母语为中心的人文教育。何谓"人文"？我曾把它概括为"把人当作人，使人成为人"这十个字。把人当作人，容易吗？不容易！别说把学生当作人，有的父母甚至不把子女当作人，而是当作光宗耀祖的工具，《官场现形记》《子夜》里面就曾有人把女儿当作自己升官的工具，发财的工具。把学生当作人是使学生成为人的必要前提，人成为人是贯穿人一生的攀登，而儿童时代、少年时代则是最紧要最关键的阶段。在这一阶段，教育、教学具体应该如何做？当然没有标准答案。

傅国涌的"国语书塾"，为他自己带领少年儿童学习母语的"让学"实践，开辟了一条闪光的路径——他创造性地在经典文本和学生心灵之间架桥铺路，从而真正放手让学生自己去和中华民族以及全人类的先贤先哲对话，让这些贤哲带领他们不断成长。这种"让学"是一种眼光，一种气魄，一种情怀，同时也是一种胆略和才能。他曾对我说，每一课要面对十几个乃至数十个文本，不讲字词句。这，我们敢吗？这，能行吗？作为一个语文教师，我就不敢，我就觉得不太行；但傅先生就敢，而学生当堂完成的那些习作则以白纸黑字证明，行！

不讲字词句，这一点看起来比较容易学；难是难在你不讲字词句，学生也愿意学、能够学，而且还学得好，其关键在于傅国涌"与世界对话"课的创造性设计。他是如何设计的？大家去看他的这本书就行，不用我来啰唆。我想简略地说一说这一设计的特点，即"三年百课千人万里——奠定一个中国少年基本的人文底色"，在约一百个课时里，他请来与学生对话的古今中外作者竟有上千人，这就等于为学生请到了上千位古今中外的先哲先贤，这简直就是奇迹！

再者，他提供的对话文本，之所以可以不讲字词句而学生又可以学得津津有味，是基于他自己的博学多识和对学生心灵需求的深入了解和真切体验，使学生对所读文本一见之下就有"万人丛中一握手，使我衣袖三年香"的感觉与喜悦。

二十世纪九十年代，我曾参与主编浙师大版《初中语文课本（实验本）》，深切体验到前辈所说的"犹如下地狱"的感觉，编出后不禁感慨："六册五年得，编成双泪流"，盖纪实也。当然，这主要是由于自己孤陋浅薄造成的，但也和编课本之难相关。傅先生的学问，我以前读他的《金庸传》《百年寻梦》《主角与配角》等书时就已有所见识，但我相信编写《与世界对话》这样的书对他来说也绝非"小菜一碟"，我觉得他分明是下了苦功夫、真功夫的。

"国语书塾"的成功，还有一个非常重要、不可或缺的因素，就是"行万里路"，实际上他要带领学生走的远不止万里。千人、万里相互印证、激活、碰撞，其于"让学"之功效不可等闲视之，实在不容低估。傅先生曾带领学生游学巴黎圣母院，在那里读雨果《巴黎圣母院》的开篇，回来后又上了《与寒山寺的钟声和巴黎圣母院的钟声对话》一课。光是看孩子们写的习作题目，就能体悟到游学和课堂给孩子们的心灵带去的是多么丰富多彩的收获，如《寒山寺钟与巴黎圣母院钟的通信》《看见钟声》《那是我的钟声》《被保存的声音》《钟声的旅行》《东西方之钟交流会》，等等。再看这些习作的内容，我们会情不自禁地被他们的想象力、创造力和文字表达力所震撼。

1927 年，王国维在昆明湖自沉前说"五十之年，只欠一死"，而傅国涌说自己是"五十之年，只欠一生"，这一"生"为了什么？他实现了由历史学者向教育家的华丽转身，朋友们都为他的这一转身而高兴！而我作为一个语文教师，更由于增加了这样一位同行而兴奋不已。他秉承了孔老夫子"吾与点也"的教导，以"只欠一生"的决心从事教育，他的这种精神令人敬佩，值得学习！

记得有一次，我曾在朋友圈里慨叹，如果我小时候能读"国语书塾"，我的治学、为人也许多少就会有点儿色彩，决不会像现在这样平庸平淡。但我也决不伤感，因为已读、在读、将读"国语书塾"的小朋友的幸运给我带来的兴奋、欢乐、希望，早已将它融化殆尽。

是为序。

2020 年 1 月 4 日

王尚文，语文教育家，浙江师范大学教授，曾出版《语文教改的第三浪潮》《语文教育学导论》《语感论》《语文教学对话论》《后唐宋体诗话》《语文品质谈》《漫话文学语言》等著作，主编有影响深远的《新语文读本》(小学卷) 及《初中语文课本》《大学语文》《人之初》等。

自序

"三百千万"：我的"与世界对话"课

傅国涌

一、与世界对话

2017年7月底，我编的《寻找语文之美》问世，"半书房"的陈闻问了我一个问题："您曾经是一位中学语文教师，能否用一句话表达对中国语文教育的希冀？"我这样回答：

> 语文教育，说到底是要让每个人获得更好地用母语跟这个世界对话的能力，扩展感知世界之美与善，赢得做人之尊严的可能性。

9月11日，"埃尔特教育"创始人张释文在公众号发的《寻找最美的语文》一文，就抓住了这个说法："语文教育应该培养的，是能够与这个世界对话的人。"那一刻，"与世界对话"就从那句话中跳了出来，刹那间照亮了我——这不正是我自己一个多月前说过的话吗？怎么就想不起来！此前，9月4日我决意寻找"童子六七人"一起读世界。9月9日，我给二十来个四到七年级的童子试验着上了一课，就叫《与芦苇对话》。我设计的第一季线下十一课也多为"与××对话"。但我开的这门课到底该叫什么，一直没有想好。

10月7日，恰逢农历八月十八，我特意选择了这个日子，和童子们一起与"天下第一潮"对话，由此开启了我"五十之年，只欠一生"的全新旅程。上这一课之前，我想起了王国维、蒋百里、徐志摩，想起了显赫的"海宁陈家"和金庸的《书剑恩仇录》……钱塘江口多少的潮起潮落，从李白、孟浩然、白居易、钱镠、苏东坡、周密到张岱、黄仲则、竺可桢、胡适之……一千五百年来，"壮观天下无"的"浙江潮"一直吸引着、激动着一代代人。甚至有人说，王国维、徐志摩、金庸他们都是"天下第一潮"捎向人间的精灵。

此时，离我1987年9月在故乡雁荡山初上讲台已过去了三十年。按《说文解字》中的说法，所谓一世就是三十年。我还保存着部分初上讲台时的备课笔记，红笔书写的文字，历经岁月的磨损，有的已褪色，甚至有的纸页有虫咬的痕迹。人生仿佛就是个画圆的过程，绕了一大圈，我又回到了青春时代曾经的"课童"生涯。从二十岁到五十岁，多少的风云激荡，多少的水深浪阔，我竟在知天命之年回归教育，只是这一次我选择的是儿童母语教育。

三十年前我在乡村中学教的是初中语文，仅仅三个学期，毫无建树，但对于讲台，我并不陌生。三个学期，我从初二到初三，教的是十四岁到十五岁的孩子。我之所以会在十五年前编了一本《过去的中学》，后来又编了《过去的小学》等书，都起源于二十世纪八十年代在乡村中学那些水一样流过的日夜，那些令我终生难忘的时光，我在石子滩上消磨的黄昏，我读的一本本"汉译学术名著"，都已化为生命的一部分。

二、"互放的光亮"

我的课不问技巧，简陋、朴实，不求装饰，不在知识点之间打转，更不在字词句之间纠缠。我却自信我的课堂里有生命，我的心灵，童子们的心灵，古今中外先贤的心灵，在时空中流动。我想起徐志摩的诗《偶然》的最后一句——"在这交会时互放的光亮"。我想寻求的就是这样"互放的光亮"，不只是我与童子之间，更重要的是童子们与自有文明以来古今中外的一个个高贵心灵之间。

"三年百课千人"（"三百千"），我最初的想法，就是利用三年中的假日给童子们上一百次课，让他们认识古今中外一千个作者。按着这一思路，每一课大致要让童子们认识十个新作者。实际上，我们每课的课前阅读资料涉及十几到四十个作者的作品。所有的阅读、背诵都需要在课前完成，我们有限的课堂时间主要用于问对，不仅是师生问对，更重要的是与古今中外的作者们问对，他们既包括屈原、陶渊明、李白、杜甫、王维、苏轼、曹雪芹、鲁迅、胡适、沈从文等，也包括荷马、但丁、塞万提斯、莎士比亚、雨果、雪莱、拜伦、歌德、普希金、托尔斯泰、爱默生、梭罗、泰戈尔、梅特林克、卡夫卡等文学家，还包括孔子、庄子、苏格拉底、柏拉图这样的先哲，伽利略、开普勒、牛顿、达尔文、法布尔、爱因斯坦这样的科学家，达·芬奇、米开朗基罗、拉斐尔、伦勃朗、塞尚、梵高、罗丹、毕加索、东山魁夷这样的艺术家，莫扎特、李斯特、贝多芬这样的音乐家。当然也有许多作者，虽没有显赫的名声，却也写出了足以滋养人类心灵的美好作品，比如用日语写作的德富芦花，用汉语写作的陈冠学，等等。与他们的对话，始终是"与世界对话"课的中心。

早在 2017 年 10 月初，我在正式开课前就写过这么一番话：

> 我在意的是超越知识的课堂生命，以及超越课堂本身的精神格局。我向往的是古希腊先哲们垂范后世的师生问对，当然也包括孔夫子在内的华夏先哲们留下的典范，印度泰戈尔在大树下和孩子们的问对，还有民国短暂三十八年间，从小学、中学到大学，诸位先生们留下的精神血脉。

> 我生也晚，不能与先贤同时，或坐在他们脚下倾听他们的声音，或与他们问对。但我无数次地想象过真实的教育场景、真实的日常课堂应该是怎么样的。我想，最重要的无非就是师生之间的问对是否带着生命气息，能不能将人带到一个更高、更远的精神世界。这个世界

是由千百年来一代又一代的人类之子用毕生心血浇灌出来的，是在长久的岁月中慢慢沉淀下来的。它跨越东西方，跨越不同的民族、不同的肤色，乃至不同的宗教信仰。

2017年秋天，我第一次将课堂放在了自然、人文的现场，在严子陵钓台和桐君山"与富春江对话"；2018年初春，我又带了十二个童子到希腊游学，在爱琴海，在雅典卫城，在德尔菲神庙遗址，在古希腊剧场，读《被缚的普罗米修斯》，读荷马史诗，读拜伦的《哀希腊》，在柏拉图学园废墟分享"绝对的美"。从此，我们开始了"少年中国行"和"少年世界行"。我带着"国语书塾"的部分童子去过北京、南京、西安、无锡、嘉兴、海宁、绍兴以及上虞的白马湖等地，还去过意大利、法国、比利时、荷兰、德国等国。

2019年10月7日，在"国语书塾"童子班两周年的"点亮母语"分享会上，一位家长发言时建议我在"三年百课千人"后面加上"万里"，我欣然接受，于是，我提出的"三百千"变成了"三百千万"。我想起中国传统的童蒙教育中的"三百千千"（《三字经》《百家姓》《千字文》《千家诗》），那还是缺乏世界视野的识字、文史和伦理教化。当然，它们曾深刻地影响了农耕文明社会，上千年来参与塑造了中华民族的心灵秩序。而我在二十一世纪提出的"三百千万"则是想帮助一些中国的少年，奠定他们一生的人文根底，是在互联网、全球化时代里重构心灵秩序的微小努力。

三、想象力为中心

也是 2019 年 10 月 7 日，我在"国语书塾"童子班两周年的分享会上说，这是我个人一次小小的儿童母语教育实验，是我在知天命之年的临时起意，就是回到儿童，回到母语，回到教育。这是我为抵抗时间和虚无而作出的选择。"国语书塾"实行的是以母语为中心的人文教育。通过这个实验，我试图与充满无限可能性的儿童建立真实的生命连接，将那些经过时间考验的最美、最有价值的文本带到童子们的视野中，让他们在童年、少年时代与古今中外的经典相遇，与人类文明中最有智慧的人相遇。

我想起日本思想家福泽谕吉《劝学篇》开宗明义指出的："天不生人上之人，也不生人下之人。"两年前，在飞往东京的旅途中我重读此篇，深切地体悟到，教育要造就的正是"人中之人"，而唯有那些在人类文明史中陶冶出来的宝贵精神资源，才有可能造就这样的"人中之人"。

我也想起印度诗人、思想家，也是教育家的泰戈尔先生说的话："一所好的学校不仅要让人获得知识，也获得尊严，获得忠诚，获得力量。"这四个"获得"让我产生深深的共鸣。知识并不是第一位的，尤其是碎片化的知识。不能贯通生命、连接生活的碎片知识在人类已拥有搜索引擎的时代已经无足轻重。比知识更要紧的是获取知识的方法，比方法更重要的是视野。王国维先生早就指出的古今求学问的三境界中，第一重就是"独上高楼，望尽天涯路"，就是打开视野。

打开视野，这比方法、知识更重要。这是我思考的第一个"三角形"。

十九世纪的法国诗人、美学家波德莱尔说："想象力确实和无限有关,它创造了这个世界,告诉人颜色、轮廓、声音、香味所具有的精神上的含义。"二十世纪最伟大的科学家爱因斯坦确定地说："想象力比知识更重要,因为知识是有限的,而想象力概括着世界的一切,推动着进步,并且是知识进化的源泉。严格地说,想象力是科学研究中的实在因素。"不仅文学、艺术离不开想象力,自然科学、社会科学、一切人类的活动都离不开想象力。

我设计的"与世界对话"是以想象力为中心,而不是以知识点为中心的。我们的课堂不解决字、词、句的问题(学校教育的重心都在这方面),而是致力于提升孩子的审美力和思想力,最大限度地拓展孩子们的想象空间,不怕试错,没有标准答案,鼓励创造,我常常送给童子们"大胆想象,小心落笔"这八个字。

我相信英国哲学家罗素说的话:"若要使想象力得到充分发展,知晓一些文学名著、世界历史以及音乐、绘画和建筑等就是不可或缺的。唯有通过想象,人们才能设想未来世界的蓝图;离开想象,'进步'将变得按部就班、平淡无奇。"

想象力从来都不会从天而降。它需要你不断地努力,不断地获得开阔的视野,不断地往下扎根,拥有更多的知识,积累更多的经验,使它的基础变得又深又广,它才有可能突然迸发出来。

想象力不是空穴来风、无源之水、无本之木,它和有生命的课堂，和广泛的课外阅读，和人生的经历是紧紧连在一起的。它也是生长起来的，是一个人往下扎根的结果。为此，我提出"一个中心"（想象力）、"两个基础"（语言基础和知识基础），语言基础关乎母语表达的能力，知识基础不是寻求碎片化的知识堆积，而是编织包括中国在内的世界人文地图。我特别喜欢法国哲学家加斯东·巴什拉的一句话："童年看到的世界是图绘的世界，带有它最初的色彩，它是真正的色彩的世界。"这张人文地图就是一个"图绘的世界"，可以跟随一个人一生的世界。

想象、审美、思想三位一体，不可分割，可以说是我思考的第二个"三角形"。

同时，我十分认同教育家、做过十七年北大校长的蒋梦麟先生的这番话："理想、希望和意志可以说是决定一生荣枯的最重要因素。教育如果不能启发一个人的理想、希望和意志，单单强调学生的兴趣，那是舍本逐末的办法。只有以启发理想为主，培养兴趣为辅时，兴趣才能成为教育上的一个重要因素。"

理想、希望、意志，是我思考的第三个"三角形"。

三个"三角形"不是割裂的，而是组合在一起的三个不同侧面，它们相辅相成，少了哪一面都不可。这是我从事儿童母语教育实验的方向。

"国语书塾"童子班的核心课程——"与世界对话"就是围绕着这三个"三角形"展开的，它从一开始就形成了以下六个特点，并在实践中渐渐成熟起来：

◎古今中外

◎母语中心（文本至上）

◎跨学科（文、史、哲、艺……）

◎有主线（多线并进，交替推行，但始终有一条主线，就是我或者说老师、学生在哪里？）

◎有灵魂（不是表面的文本堆积）

◎无答案

四、"三百千万"磨坊

"国语书塾"本来只是我的一间书房，我将书房的门打开，和童子们共享这一空间，和童子们一起在这里与世界对话，收获快乐，收获未来。我有农夫般的喜悦，因为这间书房的价值最大化了。去年我写过一篇小文《我的五个书房：书中没有黄金屋》，其中说：

> 从2016年起，我又拥有了生命中的第五间书房……这里流淌着孔子、庄子、司马迁和鲁迅、胡适他们的精神气息，也流淌着苏格拉底、柏拉图、达·芬奇、伽利略、牛顿、莎士比亚、歌德、洛克、泰戈尔、托尔斯泰他们生命的呼吸。如果说，昔日的四个书房是我一个人面对世界的空间，我在那里读书、思考、著书，孤独地面对过去、现在和未来。这个叫作"国语书塾"的书房，如今已成了童子们与我共享的一个精神空间，这是我用了近半个世纪的岁月沧桑建

立起来的精神空间，我们在这里一起眺望世界。
也许，许多书他们现在还读不懂，但是不要紧，
他们可以呼吸这里的空气，慢慢地融汇到这个
贯穿古今、也打通东西的精神脉络中去。

如今，"与世界对话"一百课已完成大半，我将这一百
课分为春天卷、夏天卷、秋天卷、冬天卷和天地卷、山水
卷、人物卷、教育卷、其他卷等。春夏秋冬四卷多从花草
虫鱼着手，可以说是小题目做大文章。其他卷中的"与墙
对话""与门对话""与窗对话""与桥对话""与井对话""与
苹果对话""与石头对话"等亦是如此。这些课连接着我在
故乡雁荡山中读书、读云、读石头的少年时光，也连接着
我半生所读的古今中外经典，以及我所经历的这个时代。
我想起三十二年前，恩师吴式南先生在九山湖畔给我的诚
挚建议，其中就有一句："抓住一两个实在的问题，宜具体，
宜小，先做扎扎实实的思考和研究。"在"实在""具体""小"
和"扎扎实实"下面，他都加了圈圈，生怕我轻轻放过。

低处入手，高处着眼，从那时起，即渐渐成为我所奉
行的法则，几乎已化作我的血液和骨髓。我相信，我们虽
是从低处、小处进入，却是要走向一个无比广阔的大世界。
这不是一条捷径，而是一条漫长的道路，需要付出无数的
时间、艰辛和努力。我的"与世界对话"课，仅仅是个开
始而已。

2019年10月底，我约了几个朋友去浙师大看望
八十一岁的王尚文先生。我与王先生相识于浙江遂昌的白

马山上，那是 2008 年夏天一个下着细雨的夜晚。其时先生不到七十，尚未退休。此前我们只是神交，还曾在《文汇读书周报》有过一次小小的"笔战"。自那以来，十余年间，我们多次在山上一起避暑。我亲身见证了《后唐宋体诗话》《语文品质谈》《文学语言漫谈》《人之初》的孕育过程。十年前，先生赠我的《绝句两首》中有"相思寸寸岂成灰，六进厅堂六出梅"，我十分喜爱。我与先生年龄上相距二十七岁，却成为忘年之交，这是我一生视为宝贵的"白马因缘"。

自 2016 年秋天第四届南方阅读论坛一别，有三年没有见到王先生了。此次见面，王先生依然健朗，依然思路清晰，依然谦逊至极，依然笔耕不辍，又有几本新著即将问世。闲聊中，我说起最近的"与世界对话"课上了一个"墙门窗"系列，王先生很感兴趣，听我介绍了大致思路和部分细节。他极力主张我先将这三课的课堂实录和阅读文本、当堂习作整理出来。当时，我带了一本小册子《傅国涌课童记》送他。他看到"课童"两字，沉思了一会儿，对我说，你可以将"与世界对话"这套书叫《童课》。我一想，对啊，何不就叫《童课：与世界对话》，从"墙""门""窗"开始，可以这样一卷一卷慢慢地出下去。

上个月，我带着整理完成的初稿再访王先生，恳请他写篇序言。没想到不足两个星期，他就写出了三千言的长序，除了对晚辈的期许与过誉之词，无一字落空，他从德国哲学家海德格尔发现的"让学"这个概念着眼，对他毕生从事的语文教育做了一次新的思考。我感谢王先生的厚爱，白马山上白马湖畔一起散步的那些黄昏，将在我心头永远驻留。

　　我期待"国语书塾"——我的"三百千万"磨坊能成为"童子六七人"一生一世的祝福。我生在雁荡山，长在雁荡山，自幼看的是石头，走的是石头路，连吃的粮食、蔬菜也是从石子地里种出来的，我父亲大半生以砌石头养活了我们一家人。前些日子，我曾对童子们说："我愿是你们一生的石头——坚不可摧的垫脚石、铺路石。"现在我将《童课：与世界对话》系列之《与墙对话》《与门对话》《与窗对话》公之于世，愿更多我不认识的少年也能受益。

2020 年 1 月 10 日初稿，时窗外寒雨
1 月 11 日—12 日修订于杭州国语书塾

Contents

目录

A Talk with Doors

/

说

古诗词中有很多关于"门"的诗句，比如崔护的《题都城南庄》中有"去年今日此门中，人面桃花相映红"，王安石的《元日》中有"千门万户曈曈日，总把新桃换旧符"，陆游的《游山西村》中有"从今若许闲乘月，挂杖无时夜叩门"，杨巨源的《城东早春》中有"若待上林花似锦，出门俱是看花人"。

《城东早春》，这是《千家诗》的第四首，我父亲虽然目不识丁，但九十岁以后还记得这些诗句，那是他少年时硬生生背下来的。

我们来看看现代诗中所描写的门，读一读当代诗人尚仲敏的这首《门》：

门，靠着墙

直通通站着

墙不动

它动
墙不说话
但它
就是墙的嘴

有人进去，它一声尖叫
有人打这儿
出去，它同样
一声尖叫

但它的牙齿
不在它的嘴里

它不
想离开墙
它离不开墙
它压根就
死死地贴着墙

　　全世界很多地方有很多著名的门，比如，巴黎的凯旋
门，罗马也有凯旋门，门前有一排我特别喜欢的黑松，我
曾在一棵黑松下坐过。著名的斗兽场就在这座门旁边。

罗马凯旋门

柏林的勃兰登堡门，其实也可以看作柏林的凯旋门。比起罗马和巴黎的凯旋门，虽然显得单薄了一点儿，可这也是一扇有故事的门，门上的胜利女神四马战车雕像1806年被拿破仑的军队作为战利品搬到巴黎去了，然而，相隔不到八年，箱子都还没被打开，拿破仑被打败，胜利女神又原封不动地运回了柏林。

巴黎的玻璃金字塔，看起来不像是一扇门，但它竟然是一扇门，它是卢浮宫的门。

埃菲尔铁塔也是一扇门，可以看作巴黎的新城门，汽车每天从下面进进出出。

至于天安门，当然也是一扇门，可以说是中国的门。

下面我们来读一篇海子的诗《沉思的中国门》：

．．．．．．．．．．．．

神思，沉思，神思

因此我陷入更深的东方

．．．．．．．．．．．．

庄稼比汉唐陷入更深的沉思

不知是谁

把我们命名为淡忘的人

我们却把他永久地挂在心上

在困苦中

柏林勃兰登堡门

埃菲尔铁塔

和困苦保持一段距离

我们沉思

我们始终用头发抓紧水分和泥

一个想法就是一个肉胎

没有更多的民间故事

远方的城塌了

我们就把儿子们送来

然后沿着运河拉纤回去

载舟覆舟

他们说

我们在心上铸造了铜鼎

我们造成了一次永久的失误

…………

中国人的沉思是另一扇门

父亲身边走着做梦的小庄子

窗口和野鹤

是天空的两个守门人

中国人不习惯灯火

夜晚我用呼吸

点燃星辰

中国的山上没有矿苗

只有诗僧和一泓又一泓清泉

北方的木屋外

只有松树和梅

…………

啊，沉思，神思

山川悠悠

道长长

云远远

高原滑向边疆

如我明澈的爱人

在歌唱

其实是沉默

沉默打在嘴唇上

明年长出更多的沉默

…………

"沉思的中国门"，在海子的诗里，到底是什么意思，也许要等你们长大了，才能慢慢理解。

但他在诗中透露了"中国人的沉思是另一扇门"。"中国门"是沉思之门，你沉思，你就是一扇门，一扇打开世界的门，也许它在这里不是指一扇有名字的门，不是天安门或地安门。"沉思的中国门"就是我们的门，每一个中国人沉思了，我们就有了一扇沉思的中国门。

我们再来读一首顾城的诗《门前》：

我多么希望，有一个门口
早晨，阳光照在草上

我们站着
扶着自己的门扇
门很低，但太阳是明亮的

草在结它的种子
风在摇它的叶子
我们站着，不说话
就十分美好

有门，不用开开
是我们的，就十分美好

早晨，黑夜还要流浪
我们把六弦琴交给他
我们不走了

我们需要土地

需要永不毁灭的土地

我们要乘着它

度过一生

土地是粗糙的，有时狭隘

然而，它有历史

有一分天空，一分月亮

一分露水和早晨

我们爱土地

我们站着，用木鞋挖着

泥土，门也晒热了

我们轻轻靠着

十分美好

墙后的草

不会再长大了，它只用指

尖，触了触阳光

　　这样的诗，读读就很美好，不必咬文嚼字。顾城还有
一首诗叫《门是铁的》：

在这扇门外
我等
门是铁的

你在门里
门里有好多人

我在门外
门外有好多人

门里好多人
没我

门外好多人
没你

一扇门
是铁的

"门里好多人 / 没我 / 门外好多人 / 没你"，你到底在门里还是门外？

关于门里门外，北大教授沈尹默 1918 年曾在《新青年》

杂志发表过一篇仅 135 字的散文诗《三弦》，说的是一家破大门里，矮土墙挡住了弹三弦的人，却隔不断三弦的声浪。门外是一个不声不响、穿破衣裳的老年人。

说到门，我们很容易想起前面提到过的王安石的诗《元日》：

> 爆竹声中一岁除，春风送暖入屠苏。
> 千门万户曈曈日，总把新桃换旧符。

李白也写过"九天开出一成都，万户千门入画图"。这首诗的题目是《上皇西巡南京歌十首》，他的"万户千门"和王安石的"千门万户"一样，就是中国的千家万户。

我们再来看一首诗，在与墙对话时也提到过，今天关注的是"门"：

游园不值

〔宋〕叶绍翁

> 应怜屐齿印苍苔，小扣柴扉久不开。
> 春色满园关不住，一枝红杏出墙来。

柴扉也是一种门，就是"柴门"，是唐代诗人刘长卿笔下"柴门闻犬吠"的"柴门"。我们来读他的《逢雪宿芙蓉山主人》：

> 日暮苍山远，天寒白屋贫。
> 柴门闻犬吠，风雪夜归人。

柴门是古中国很有名的门，是山上砍下来的木柴做的院门，就是篱笆门。你还没进院子，狗就叫起来了，因为它看见外面有人来了。我想起了当代诗人海子《给母亲（组诗）》里的诗句：

> 你家中破旧的门
> 遮住的贫穷很美。

不知道写下这两句诗的那一刻，他是不是也想到了清代诗人黄仲则的《别老母》：

> 搴帷拜母河梁去，白发愁看泪眼枯。
> 惨惨柴门风雪夜，此时有子不如无。

"惨惨柴门风雪夜"，这是我很喜欢的诗句。柴门是刘长卿的，也是黄仲则的。

与柴门相对的门是朱门，杜甫写过："朱门酒肉臭，路有冻死骨。"朱门是什么门？红颜色的门。朱门代表什么？富贵人家。杜甫的这首诗题目比较长，叫《自京赴奉先县咏怀五百字》，这首诗一共有 500 个字，这是杜甫一生写下的第一首史诗性的诗，有人说，这首诗写出来以后，他才开始往中国最伟大的诗人路上走。在写出这 500 字之前，他最多只是一个杰出诗人，还不是伟大诗人，这首诗是他走向伟大诗人的一个转折点。

门很早就有，中国最早的诗歌总集《诗经》的《陈风》中就有一首《衡门》："衡门之下，可以栖迟。"

何谓"衡门"？只要把木头横着就是门，极其简陋，那是贫者所居的门。

那么，门到底是什么意思？古人的书面解释是"幕障卫"，就是做防护、屏障之用。

门有宅门、邑门、里门、闾门、巷门、坊门、市门、庙门、校门、厂门、寨门、衙门、狱门、宫门、府门、城门、国门……我们前面读过海子的《沉思的中国门》，诗人北岛写过《城门开》，回忆的是他的童年少年时代，但是借着这本书，事实上，北岛又重新建造了一扇童年少年的门，可以通向他的童年和少年时代。

当然，我们还可以从大门、二门、角门、耳门、东西南北门这样的角度区分门，甚至可以用材料来分——篾门、柴门、木门、石门、铁门、磁石门、水晶门、玻璃门、铝合金门、防盗门，还有竹门。顾城的诗中就提到了竹门："在小竹门外／作为一个世界／把你等待。"

法国雕塑家罗丹有件雕塑作品叫《地狱之门》，"沉思者"就坐在地狱之门的上方。他的创作灵感来自但丁的《神曲》："这里必须根除一切忧郁，这里任何怯懦都无济于事。"罗丹读到这里，想到了地狱之门，"沉思者"就是这样想出来的。

徐志摩写过一篇文章，题目很长——《就是打破了头，也还要保持我灵魂的自由》，其中有这样一句话："我们应该积极同情这番拿人格的头颅去撞开地狱门的牺牲精神。"

蔡元培为抗议北洋政府的不公不义的势力，当时要辞去北大校长的职务。徐志摩在报纸上发表了这篇文章，赞许他有一种拿人格的头颅撞开地狱之门的精神。

现在我们开始进入一系列门的故事。

第一个门的故事来自《三国演义》第七十二回，三国时期最聪明的人之一杨修"聪明反被聪明误"，最后被曹操杀了。不过，他的聪明曹操还是很欣赏的。有一次，曹操命人建造一座花园，工程竣工后，曹操来视察，看了以后什么话也没说，只是在门上写了一个"活"字，别人都不知道曹操是什么意思，只有杨修看懂了，他说门里面写个

雁荡山显胜门

《地狱之门》

"活"字，那是"阔"字，丞相嫌你们院子的门做得太阔了。门重修之后，曹操见了新门，问，谁知道我的意思啊？左右说杨修也。"操虽称美，心甚忌之。"

第二个故事是关于唐代诗人贾岛的"推敲"。"鸟宿池边树，僧敲月下门"是贾岛的名句。一开始，贾岛写的是"鸟宿池边树，僧推月下门"。到底是"推"好还是"敲"好？贾岛苦恼之时正好撞到了京兆尹韩愈一行。韩愈问他在干什么，他说自己在推敲这个诗句。韩愈说"敲"好。夜里，连鸟都睡着了，在空旷的宇宙中出现了敲门声，这个敲门声就会特别响。诗人朱湘写过一篇散文《说推敲》，也说了"敲"字之妙：

> "敲"这个字不仅在发音上来得响亮些，它所引起的联想也是一片敲破寂静的响亮。
>
> ……"敲"字之中则充满了期待，置读者于此僧人的当时的地位上，同了他，在已深的月夜，等候着庙门的开放，在一片搅动了他的自尊心的，余音仍然波动于月景之内的敲门声里。

现代诗人们的诗中写门的，用字多有不同。

诗人周梦蝶写过一首《门与诗》，有这样几句：

> 许或有双迟归的手，
>
> 在昏月下
>
> 正沉吟着敲与推

有的诗人总是喜欢叩门，余光中的《叩门者之歌》写的是爱情：

> 你的脸是个可爱的谜，
>
> 你的心锁着它的谜底；
>
> 可许我配上这把小诗，
>
> 幽静处把它偷偷开启？

而诗人唐湜在《敲叩》中相关的追问则要深得多：

> 门外忽而有轻轻的一叩，
>
> 是旧时的燕子归来，落衔泥
>
> 于我的门上，或是那淡去的
>
> 幻梦又来敲我闭上的心扉？
>
> …………

第二个故事，是关于人人熟知的"夜不闭户"这个成语的。司马光在《资治通鉴》里写到唐太宗的时候，说："海内升平，路不拾遗，外户不闭，商旅夜宿焉。"外户就是大门。"外户不闭"，慢慢就变成了"夜不闭户"。

　　我们再来看德国的马丁·路德贴出《九十五条论纲》的那扇维滕贝格诸圣堂的门。那扇门现在是铜铸的，《九十五条论纲》现在就刻在上面，而在1517年时，《九十五条论纲》是贴在木门上的。但教堂还是这个教堂，我和童子们曾在门前上课。有一个童子当天写出了一句话："马丁·路德自己就是一扇门。"是的，马丁·路德自己成了世界的一扇门。这句话写得很好。

　　法国作家雨果有一本名著叫《九三年》，里面讲到为了救三个小孩，侯爵从石门返回到了铁门。本来他已经逃出去了，但是大火烧起来了，只有他能回去救那三个孩子，别人都救不了，于是侯爵冒着生命危险回去救了三个小孩。他不回去，他自己就不会死，他回去就会被抓住，但孩子可以救下来。不过最后，对方的总司令放了他，他活了。从石门到铁门，这道门，我称它为"人道主义之门"，因为敌对双方显示出了人道主义。先是一方的总指挥救小孩，后是另一方的总司令为了救侯爵，宁愿自己被送上军事法庭，被枪毙。为了人道主义，他们可以舍弃生命。这是雨果提供的一扇人道主义之门。

　　比利时剧作家梅特林克的代表作《青鸟》中也有门。

德国维滕贝格诸圣堂的门

在第三幕中，主人公打开了幽灵之门、疾病之门、战争之门以及黑暗和恐怖之门，还打开了一扇门，里面有闪闪的星星、萤火虫还有夜莺之歌等等"杂七杂八的东西"，还有一扇他们想打开后来没打开的门，光是这一幕就有这么多扇门，前面还有别的门，《青鸟》就是用"门"作为枢纽推进故事情节的，门在《青鸟》里很重要。

我从《青鸟》想到了我国著名剧作家曹禺先生的成名作《雷雨》，序幕拉开，屋中间是两扇通向外面的棕色门：

> 门身很笨重，上面雕着半西洋化的旧花纹，门前垂着满是斑点，褪色的厚帷幔，深紫色的；织成的图案已经脱了线，中间有一块已经破了一个洞。右边——左右以台上演员为准——有一扇门，通着现在的病房。门面的漆已蚀了去。金黄的铜门钮放着暗涩的光，配起那高而宽，有黄花纹的灰门框，和门上凹凸不平，古式的西洋木饰……这门前也挂一条半旧，深紫的绒幔，半拉开，破成碎条的幔角拖在地上。左边也开一道门，两扇的，通着外间饭厅，由那里可以直通楼上，或者从饭厅走出外面，这两扇门较中间的还华丽，颜色更深老；偶尔有人穿过，它好沉重地在门轨上转动，会发着一种久磨擦的滑声，像一个经过多

少事故，很沉默，很温和的老人。这前面，没有
帷幔，门上脱落、残蚀的轮廓同漆饰都很明显。……

门在戏剧中往往扮演着十分重要的角色，离开了门，
这出戏几乎就无法演，有时候推开一扇门，故事就会发生
变化。所以，门太重要了，掌握了门，其实也就掌握了秘密。

如果说门的背后藏着家家户户的秘密，那门前则将人
生的秘密一一展开。诗人冯至有一首《寺门之前》，开头说：

> 暮色染上了赭红的寺门，
> 翠柳上的金光还不曾退尽，
> 街上的浮荡着轻软的灰尘，
> 寺门前憩坐着三五行人——
> 有的是千里外的过客，
> 有的是左近的村邻，
> 他们会面的时候都生疏，
> 霎时间便成为知己，十分亲近。

诗人辛笛的《门外》也说：

> ………………
>
> 如此悠悠的岁月

那簪花的手指间

也不知流过了多少

多少惨白的琴音

但门外却只有封锁了道路

落了三天的雨和雪

…………

我们再来看看现实中存在的一些真实的门。

位于上海宁波路的上海浦东发展银行，楼够大，而门却很小，这里过去是上海商业储蓄银行总部，当时的门就是那么小。大银行却拥有一扇小门，也许这是世界上最小的银行门了。当时这家银行的创始人陈光甫担心门开大了，太气派，小额储户会望而却步，不敢进银行的门。他主张以平等的眼光来对待社会，不以贫富贵贱显示差别，所以连门都特意开小一点儿。

陈光甫毕业于美国宾夕法尼亚大学，深受美国人的器重，他被美国人誉为中国的摩根。抗日战争时，两个人代表中国向美国借款，一个是陈光甫，另一个是胡适。胡适在美国是最有名的中国知识分子，陈光甫则是在美国最有名的银行家，他们不辱使命，完成了著名的桐油借款。

还有台湾大学的校门也很小，小得像积木搭的，也许这是世界上最小的校门之一。

抗日战争时期，由于经费匮乏，重庆沙坪坝中央大学附属小学的校长就安排在学校门口种了两排芭蕉树，作为校门。这也许是世界上最奇特的门，芭蕉门。

我们再讲一个门的故事。这是诗人芒克的回忆录《往事与今天》里讲的，他的好朋友、画家马德升住在巴黎，写了一本诗，题目叫《门》，从题目开始全部都是"门"字，一直写到最后都只是一个字："门。"

在巴黎的一次诗歌朗诵会上，挂着拐杖的马德升上台朗诵这首《门》，他非常严肃，每换一张纸都要好几分钟，就好像是真的非常艰难地在那里朗诵着每一个"门"字。他朗诵了很久，《门》这首诗被他朗诵得有声有色，节奏变化无常，声调时高时低，他眉飞色舞，满嘴唾沫星子乱飞，等到朗诵到高潮的时候，他把那本《门》撕得粉碎。坐在台下的芒克远远地看着他，"我见他直翻白眼，知道快要结束了，我直觉得他会摔倒在台上，真的，老马果然把两个拐杖扔掉，一头栽倒在台上"，台下所有的人，除了他的老朋友芒克，发出一声声惊呼，立马就有人跑上台去把他扶起来，此时的老马面带微笑，挂着双拐，享受着观众们疯狂的掌声。芒克就在台下偷笑，笑老马精彩的表演，尤其是那个假摔。这真算得上一个好玩的门的故事，马德升先生是一个艺术家，他的表演也是行为艺术。

叶公超是"新月派"诗人，也是一位文学评论家，曾任北大、清华、西南联大外文系教授，他的白话文写得极好，我们来读他的《门》：

我常想，在我们这开化民族的复杂生活中，要举出一件东西来可以代表我们文化的精神的，除了"门"以外，还想得出什么呢？读者不必深想。不是别的，就是我们人人每天都要经过的门——房门、家门、校门、城门，以及其它种种一重一重的门。不但我们奔波劳碌的人脱离不了门，就是轻易不出家门的人，他们在日常思想中，也难免不知不觉的和门发生了关系。人类的历史尽可以说是门户的历史。我们生活中的门，当然不限于我们抬头就看得见的这扇物质的门。我们文字中，思想中，习惯中都无时没有一种门的存在。在旧礼教里，不用说，因门的意义而产生的习俗和思想，处处都是。提起婚姻来，谁不要求门当户对的，才貌双全的；谈论家世的人，当然脱离不了门荫祖德和门第家风的观念；小孩子在私塾里开蒙，总要先拜过老师的门，才算是入学了，同时这位老师呢，当然是无数孔门弟子之一。……

这里讲到了一重一重的门，当代有一位作家韩寒，他是个赛车手，他的成名作就叫《三重门》。

我们再读一段叶公超的《门》：

多半的人生活中只看见有物质的门，而想不到这种实质的物体却暗含着什么精神上的意义，他们更想不到在我们每个人的单独生活中，从极单纯到极复杂的生活中，都有一道最后的门。聪明些的人知道这重门是最后的，神秘的，不可侵犯的，所以每次路过门前，至多也就住一下脚，再张望一回，便走过它了。缺乏想像的人，一旦发现了这重深闭的门，哪肯轻易不响的走过去就算了。……人类的好心和追求心都是因门的阻碍而产生的，但是人类的经验并不鼓励我们去闯进所有遇着的门。……

接着我们来读散文家董桥的《门》：

"门"是人类日常生活里一种最恐怖的威胁。开着的门，是陷阱；紧关着的门，是绝望的面具。无论是铁门、木门、蓬门、朱门，高高的门和低低的门，厚的门和薄的门，卧室的门、厕所的门，无不象征一种不可告人的故事。中国人有所谓"门人"或"门生"之称，更是树朋党立门户的前奏曲。……

人间还有许多不同类人的脸：商贾的脸，乞丐的脸，富孀的脸，绅士的脸，作家的脸；娼妓的脸，义士的脸，大官的脸和小白脸……但是，天下最不讨人喜欢的脸，是"门吏"的脸。"门吏"者，守门之吏也，或私家所用之阍人也，或门下办事之人也。这些人寄身在人家的门下，还要作威作福，喝吆异己，媚上欺下，啼笑不由自己。"群臣进谏，门庭若市"的时候，门吏固然不可一世；一旦权势已去，门可罗雀，门吏也就卷席他往，另寻门户。这一生从一扇"门"，辗转到另一扇"门"，既不能摇身一变而为"门神"，寿终正寝的时候，可能连"门"边儿都不曾摸到，一辈子是"门外汉"。

继续读董桥的《门》：

天下还有"伟大"的"门"：那是"门庇""门荫""门功"之类的门。……但是，人间最伟大的"门"，大概只有主理人体新陈代谢作用的那一"门"。

这里讲的是什么门，我们应该都知道：肛门。获得过诺贝尔文学奖的波兰诗人米沃什在他的代表作《米沃什辞典》里有篇文章叫《世界肛门》，当然那已不是指人体的门。

门，也是生死之门。当代女作家龙应台的散文《目送》里写着：

> 火葬场的炉门前，棺木是一只巨大而沉重的抽屉，缓缓往前滑行。没有想到可以站得那么近，距离炉门也不过五米。

生与死隔着一扇门，不只是看得见的"炉门"。

美国作家克里斯托弗·莫利也写过一篇同题散文《门》：

> 开门和关门是人生中含意最深的动作。在一扇扇门内，隐藏着何等样的奥秘！
>
> 没有人知道，当他打开一扇门时，有什么在等待着他，即使那是最熟悉的屋子。时钟滴答响着，天已傍晚，炉火正旺，也可能隐藏着令人惊讶的事情。也许是修管子的工人就在你外出之时已经来过，把漏水的龙头修好了。也许是女厨的忧郁症突然发作，向你要求得到保障。聪明的人

总是怀着谦逊和容忍的精神来打开他的前门。

…………

有各种各样的门。有旅馆、商店和公共建筑的转门，它们是喧闹的现代生活方式的象征。难道你能想象密尔顿或潘恩急匆匆地穿过一扇转门吗？还有古怪的吱吱作响的小门，它们依然在变相的酒吧间外面晃动，只有从肩膀到膝盖那样高低。更有活板门、滑门、双层门、后台门、监狱门、玻璃门……然而一扇门的象征和奥秘存在于它那隐秘的性质。玻璃门根本不是门、而是一扇窗户。门的意义就是把隐藏在它内部的事物加以掩盖，给心儿造成悬念。

这三位作家：民国时代的作家叶公超，香港当代作家董桥，美国作家莫利，他们写的门都不一样。

我们来简单比较一下这三篇写门的散文，如果让你来选，凭直觉来判断，你最喜欢哪篇？

可能喜欢莫利和叶公超的会比较多。其实董桥也写得很好，但是作为作家，他跟另外这两位比起来还是稍微弱了一点儿，虽然董桥也写得很可爱。

董桥还写过一篇《门对窗》，我们中国人对对子通常门就对窗。"窗含西岭千秋雪，门泊东吴万里船。"这是杜甫的名句，门和窗就是这样对的。千对万，门对窗，西对东。当然还有大对小，前对后，左对右，皇帝对乞丐，富人对穷人，蝴蝶飞对青蛙跳……

中国人喜欢贴春联，现在也一样。有的人家门口贴的是："向阳门第春常在，积善人家庆有余。"

"门第"这个概念，就是从门引申出来的，它不是一扇真实的门，有的人家穷，有的人家富，有的人家贱，有的人家贵，这就是门第，这就带出一个成语：门当户对。这个词最早是出自元代作家王实甫的《西厢记》："虽然不是门当户对，也强如陷于贼人之手。"

跟门有关的成语、俗语非常多，比如"城门失火，殃及池鱼""各人自扫门前雪，莫管他人瓦上霜"，还有班门弄斧、书香门第、祸福之门、破门而入、上天无路入地无门……真的太多了。门在中国十分重要，所以叶公超说，要在中国找出一样东西，代表中国的是什么？是门。

唐代诗人王维写过一首诗《和贾舍人早朝大明宫之作》，其中说："九天阊（chāng）阖（hé）开宫殿，万国衣冠拜冕（miǎn）旒（liú）。"这句诗中的门在哪里？阊阖就是宫殿的门。今天，我们已经不用这个词了。

白居易在《醉后走笔酬刘五主簿长句之赠兼简张大贾二十四先辈昆季》中也写过："阊阖晨开朝百辟，冕旒不动香烟碧。"

冕旒是皇帝帽子上面垂下来的流苏，指代天子，阊阖指的是宫门，古诗中也常用"冕旒"来对"阊阖"。

《千家诗》里有宋人晁说之的《打球图》，讽刺了唐玄宗李隆基（小名三郎）沉溺于饮酒、打球作乐。开头两句即是："阊阖千门万户开，三郎沉醉打球回。"

二十世纪的诗人闻一多的白话诗《奇迹》中也出现了一句："我听见阊阖的户枢謇然一响。"

我们来读唐代诗人张祜的《赠内人》：

禁门宫树月痕过，媚眼唯看宿燕窠。

斜拔玉钗灯影畔，剔开红焰救飞蛾。

这首诗中的"禁门"和"阊阖"一样，指的都是宫殿的门，宫殿的门当然不能随随便便进去，所以是禁门。可到了1948年，我们就能进去了。年轻的汪曾祺还曾在禁门附近住了一阵子，他住在午门下。以前，人们看戏常听到"推出午门斩首"，大家都以为午门是杀人的地方，但是你去过就知道那里不能杀人了。午门是在紫禁城里面的，在三大殿（太和殿、中和殿、保和殿）外面，皇帝是不会在这个地方杀人的。其实，从元朝以来，杀人行刑基本都在今天的菜市口（原来叫柴市口），或者在交道口（原来叫交头

午门

口）。而午门是每逢重大节日皇帝接见外国使节和接受献俘的地方。但是大臣犯了错误，皇帝要杖责，倒是在午门打的。

午门为什么叫午门呢？午者中也，午门居北京城的正中，因此得名。这里很重要，原来还可以看戏，旧戏曲里常以"五凤楼"指代朝廷。1948年，汪曾祺在历史博物馆工作了近一年，就住在午门之下。他说生平住过的房子，这一处最特别。夜里，天安门、端门都上锁以后，他站在午门下面："万籁俱静，满天繁星，此种况味，非常人所能领略。我曾写信给黄永玉说：我觉得全世界都是凉的，就我这里一点是热的。"

前面讲午门是为了讲宫门、禁门。比宫门低一点儿的门是侯门。我们常说"王侯将相"，因此，侯门也是显赫的门。我们来读这一首诗：

赠婢

〔唐〕崔郊

公子王孙逐后尘，绿珠垂泪滴罗巾。

侯门一入深似海，从此萧郎是路人。

"侯门一入深似海，从此萧郎是路人"，这句很有名。一个女孩子如果嫁入侯门，想要跟家里人见面也不容易，而如果嫁进宫里那就更不容易了。

《红楼梦》里贾元春嫁入宫门后，终于回家省亲，因为她是妃子，父亲贾政跟她说话要隔着帘子，元春含泪对父亲说话，父亲含泪跪着，即使是父女，也有君臣之别。王妃代表君，是皇家的人，贾政是臣。他跪在女儿面前说了一句"臣草莽寒门"，其实贾家也是大家族，是"侯门一入深似海"的侯门，但在身为妃子的女儿面前，他要自称"寒门"。

前面我们讲的多为散文或诗，下面我们来读一篇小说，作家卡夫卡生活在奥匈帝国统治下的布拉格，曾写过一篇很短的小说叫《叩门》：

> 那是夏季燠热的一天。我和妹妹在归家途中经过一家宅院的门口。我不知道她是出于轻率鲁莽，还是因为心不在焉，拍了一下宅院的大门，或者她只是比划了一下而未曾真的打到门。我们大约走了百步远，到了公路左拐处，那儿正是村头。我们不认识这个村庄，可是，过了第一家人家便立刻有人出来，他们或是友善地或是带着警告地招呼我们，他们显得很惊恐，因为惊恐而弯腰低头。他们指着我们刚才经过的大院，让我们

别忘了刚才敲过院门。院子主人会控告我们，很快就要审讯。我很沉着，还安慰着妹妹。她很可能根本就未曾敲门，即使她敲了，全世界也不会有个地方为此而开庭审判。

…………

当我踏进房舍的门槛时，那位先我而入、已等待着我的法官说："我觉得这人真可怜。"毫无疑问，他所指的并非我目前的状况，而是行将发生在我身上的事。这房间看起来不像是农舍而更像是监牢，大石板地，光秃秃又黑乎乎的墙，有个铁环嵌在墙里，房间正中的木床像是手术台。

（我还有机会呼吸监牢以外的空气吗？这是个大问题。更确切地说，这可能是个大问题，如果我还有希望被释放的话。）

这是一扇命运的门，不是小说家想入非非的门。卡夫卡只活了四十多岁，却是一位世界级的作家。

林斤澜是一位温州籍小说家，长期生活在北京，他写过一组"门"的系列小说，一共四篇：《命门》《敲门》《幽门》《锁门》，是略有些抽象的小说，并不是通俗小说，虽然都很短，但要真正理解还是有一定难度，大家可以自己慢慢读。

我们接着讲门的故事。"程门立雪"的故事大家应该都知道，这个故事有两个出处，一是《二程语录》，一是《宋史·杨时传》。"二程"即程颢和程颐，他们都是宋代有名的理学家。这个故事的主人公杨时、游酢（zuò）第一次去见老师程颐时，老师在闭目养神，睡着了。他们就一直站在那里等，外面开始下雪。等到老师醒来，发现门外的雪已深一尺。后来人们就用这个故事来比喻尊师重道。不过当时这两个人是站在门里，不是站在外面，所以并没有变成"雪人"。"程门立雪"并不是说立在雪地之中。

再讲一个"门下牛马走"的故事。"牛马走"这个说法是从哪里来的？《古文观止》里有司马迁的文章《报任少卿书》，开篇第一句："太史公牛马走，司马迁再拜言。"在这里，"牛马走"是一个自谦的说法。清代书画家、文学家郑板桥刻了一个章，叫"青藤门下牛马走"，清代诗人、《随园诗话》的作者袁枚记着，郑板桥爱徐文长徐渭的画，刻了一个印，叫"徐青藤门下走狗燮"（郑板桥原名郑燮）。很显然，袁枚听错了，他也是从别人那听来的，其实根本没有说走狗，"门下"后面是"牛马走"，而不是"走狗"。人们却相信了那个误传。就连齐白石都相信了，所以他会说："我欲九原为走狗，三家门下转轮来。"哪三家呢？青藤，就是徐渭，还有八大山人和吴昌硕，这二位都是齐白石尊为老师的。过去的画家，其实对此都是误读，郑板桥真正印刻的就是"牛马走","牛马走"是有出处的,出自前面说的司马迁的文章。

鲁迅的《忆刘半农君》一文中也有门,其中说:"《新青年》每出一期,就开一次编辑会,商定下一期的稿件。其时最惹我注意的是陈独秀和胡适之。假如将韬略比作一间仓库罢,独秀先生的是外面竖一面大旗,大书道:'内皆武器,来者小心!'但那门却开着的,里面有几枝枪,几把刀,一目了然,用不着提防。适之先生的是紧紧的关着门,门上粘一条小纸条道:'内无武器,请勿疑虑。'这自然可以是真的,但有些人——至少是我这样的人——有时总不免要侧着头想一想。半农却是令人不觉其有'武库'的一个人,所以我佩服陈胡,却亲近半农。"

五四时代,风云际会,陈独秀、胡适、刘半农和鲁迅都在北大,他们也是《新青年》的编辑,陈独秀、胡适、刘半农都属兔,陈独秀比他俩大十二岁,还有一只更老的"兔子"是蔡元培。

鲁迅一百年前写的《我们怎样做父亲》中有一句话:"肩住黑暗的闸门,放他们到宽阔光明的地方去。"

黑暗的闸门,不是普通的闸门,这个隐喻从哪里来?来自通俗小说《说唐全传》第四十四回。我小时候喜欢看这本书,当时读的那本书封面上写着《说唐》,讲到隋炀帝要用千斤闸把天下好汉都困死在扬州,紧急关头,力气最

浙江绍兴鲁迅故居的门

大的第四条好汉雄阔海把千斤闸托起来，帮助所有人逃了出来，只有他一个人被压死了。鲁迅写过《中国小说史略》，自然熟悉这个故事，他从雄阔海被千斤闸压死想到了"黑暗的闸门"。他想成为什么样的人？就是把黑暗的闸门扛起来，把小孩子放到光明的地方去的人。

诗人顾城写过一则《科学：一扇忽然打开的门》，我们先读一下：

许多年前，我读了法布尔《昆虫的故事》。我放下书时，忽然看到了令人惊异的世界——瓢虫、星球、鱼……都在我的周围转动，都在忽明忽暗，散射着特有的气味和光。

我惊奇极了，我想知道这个世界，知道那推生推灭它的无形的手——我开始抄写拉丁文，制作昆虫标本，到野外去，带着沉重的盒子、毒瓶和莫名其妙的捕捉蜥蜴的愿望。

我想找一个起因，写一本科普读物，结果却意外地找到了关于生命美丽的道理——我走进了诗的国度。

科学有时只是一个契机，一扇忽然打开的门，使你看到生命的归宿，有时又像一种定像药水，使"有"从"无"中显现出来。可是人们似乎更期望它成为一种有效的智谋，可以使万物从归宿返转，使人站上驾驶台，令物质们去相互厮杀。

也许因为无知，我更喜欢一种亲切的科学，他就在你身后，所有认识他的人，都是他的朋友。

这是一扇科学的门，还是一扇艺术的门、文学的门？科学，一扇忽然打开的门，通过科学打开的是一扇奇妙的生命之门，一扇通向诗歌的门，这也是顾城的门。

圣经中有一扇很有名的窄门："你们要进窄门。因为引到灭亡，那门是宽的，路是大的，进去的人也多；引到永生，那门是窄的，路是小的，找着的人也少。"

1908 年，法国作家安德烈·纪德写了一篇小说《窄门》，"窄门"是一个由"伊甸园——天堂"和"窄门——十字架"组成的双重隐喻世界，环环紧扣，一层一层地展示人类一直在寻找精神家园这个永远不变的主题。抗日战争前夕，北大毕业的年轻诗人、翻译家卞之琳在我的故乡雁荡山动笔将其译成了中文。

前些年，中国作家李佩甫写过一部小说，叫《羊的门》，这个书名也是从圣经中来的。"耶稣说，我实实在在地告诉你们，我就是羊的门。""羊的门"的出处就在这里，如果没有读过圣经，根本就不能明白小说的题目到底是什么意思。羊有门吗？一定要找到经典的出处，你才能明白它说的是什么。

关于门，还有一篇很有名的散文诗，是俄国作家屠格涅夫的《门槛》，那是一道生与死的门槛，谁能坦然面对？

法国哲学家、诗人加斯东·巴什拉在《空间的诗学》中提出了一个问题："门，应该是开着的还是关着的？"

> 门是一个半开放的宇宙。这至少是半开放宇宙的初步形象，一个梦想的起源本身。这个梦想里积聚着欲望和企图——打开存在心底的企图，征服所有矜持的存在的欲望。门是两种强烈的可能性的图解，他们清楚地划分了两种梦想类型，有时候门紧密地上了栓，上了锁，有时候门开启着，也就是说大门洞开着。

这是一扇什么门？哲学的门。哲学家在阐释门，他想起了让·佩尔兰在《归来的浪漫曲》中的诗句："门嗅出了我，它犹豫着。"

有多少门曾是犹豫之门？我们可以想到但丁在《神曲》中提醒的：地狱门口根绝一切的犹豫。

加斯东·巴什拉继续说：

"所有单纯好奇心的门都曾对存在做过试探，不为什么，只为空无，只为一个甚至想象不到的未知物！……

"然而，打开门和关闭门的存在是同一个存在吗？……

"他知道门里面有两个'存在'，门在我们心中唤起的幻想的两个方向，它是双重象征性的。"

是不是越来越抽象了？这就是哲学。哲学就是用这样的语言表述的。

"门向哪里、对着谁打开？它们为了人类的世界还是为了孤独的世界而开启？"他想起西班牙作家塞尔纳说的："向着田野开放的门仿佛在世界的背后提供自由。"这是诗，也是哲学。如果没有读懂，也没有关系，理解这个世界需要时间。

我们来读诗人郑敏《心象组诗》中的《"门"》：

> 这扇门不存在于人世
> 只存在于有些人的命运中
> 那要走进来的
> 被那要走出去的
> 挡住了
> 十年可以留不下一丝痕迹
> 一眼却可能意味着永恒
> 没有一声"对不起"

说得比这更惆怅

那扇门仍在那儿
但它不再存在
只有当人们
扭过头来回顾
才能看明白
那是一扇
通向神曲的门
它存在于虚无中
那可能是任何一个地方

　　虽然诗人没有直接说"通向神曲的门"就是通向但丁《神曲》中的"门"，但我们想得到，罗丹也早就想到了。这不是一扇神秘之门，而是人类的命运之门。

　　前面我们接触到了很多扇门，罗丹的门是艺术的门，加斯东·巴什拉的门是哲学的门，我们穿过了一扇又一扇看得见的门，直到看不见的门。

　　小说家林斤澜还写过一篇谈文学的《门？》，这扇门是文学之门。起因是有个杭州编辑写信请教，他回信时说了一句"临门一脚"。结果这个编辑又追问："什么叫临门一脚？""临门一脚"是足球用语，至于什么是文学之门，什么是临门一脚，林斤澜在文中试图回答这些问题。

我们再来读顾城的一首诗《初夏》：

乌云渐渐稀疏

我跳出月亮的圆窗

跳过一片片

美丽而安静的积水

回到村庄

在新鲜的泥土墙上

青草开始生长

每扇木门

都是新的

都像洋槐花那样洁净

窗纸一声不吭

像空白的信封

不要相信我

也不要相信别人

把还没睡醒的

相思花

插在一对对门环里

让一切故事的开始

都充满芳馨和惊奇

…………

顾城的诗《水乡》里也有门：

我走过

像稀薄的烟

穿过堂屋、明瓦

穿过松花石的孔隙

穿过一簇簇拘谨的修竹

没有脚印

没有步音

排门却像琴键

发出阵阵轻响

在你暂短的梦里

…………

我

将归来

已经归来！

踏上那一级级

阴凉温热的石阶

踏上玄武岩琢成的

圆桌的柱基

在小竹门外，在小竹门外

作为一个世界

把你等待

这首诗里有不同的门，有像琴键似的排门，还有小竹门，都非常美。

我在雁荡山第一次上这一课时，一位叫倪梓鑫的童子想到了她们正在演的《木兰辞》，于是写出了木兰家那扇老旧的木门：

第一抹阳光洒向天空，空气中仍然弥漫着昨夜的气息。这是崭新的一天……

木兰披着大气的战袍，站在晨光中。是的，木兰今天要出征了。

从一扇老旧的木门里望去，她看到了自己的双亲。目光那么慈祥，直照人的心坎儿；她也看到了姐姐和弟弟，倚在门边。目光那么悲伤，直

49

照人的心坎儿……

木兰突然想起自己儿时与大木门的种种……她们姐弟仨围着木门追逐，倚着木门吃月饼，靠着木门修理它的木"腿"……

但现在，她要出征了，与木门隔着好远……这次出征，不知还能遇上木门不？

她跨上马，望了木门一眼，上路了。但她心里，仍装着那扇木门，以及住在里面的家人……

还有一位童子郭馨仪写的也是《木门》：

木门

有着洋槐花的姿势

开关中

泄漏青鸟的月光

随手关门

隔绝世界的风尘

大理石嘲笑

地狱之门的显赫

朱红的城门

只能修饰城中的悲伤

只有梦中的门

澄澈而美好

. . . .

"洋槐花"从哪里来的？是从顾城的诗里来的。"泄露青鸟的月光"，"青鸟"从哪里来？从梅特林克的《青鸟》里来。大理石的地狱之门从哪里来？从罗丹那里来。

每扇门都有它自己的秘密和故事，等着我们去发现。

但在我的心中，最美的门还是诗人海子的诗《思念前生》里的那一扇"门"：

母亲如门，对我轻轻开着

对于所有人来说，母亲都是一扇一直向你轻轻开着的门，也是世上最美的门。

A Talk with Doors

/

读

评尚仲敏的《门》

张远山

　　全诗 18 行，没有用一个比喻。说是拟人，也似是而非，因为传统的修辞是局部的。而诗中的"拟人"却是贯彻到底的思维方式，并且"拟人"构成了全诗的骨骼，成为结构和表达方式。诗中的"拟人"从局部的修辞上升为整体的象征，但象征了什么，却没有一个词语、也没有一句话指涉到象征主题，而是由全部词语的结构关系暗示出来，这就是结构的象征。这样的象征，便于读者作较为自由的联想。以下是我的未必令人信服的联想。

　　"墙"是某种超越时空的巨大力量，它不仅比个人强大，也比一时一地的社会性力量更强大，比如传统、习俗、思维模式等。"墙"象征了这些力量的惰性——"墙不动"；也象征了这些力量对个人和集体意志的非指令性强迫与干预——"墙不说话"。但不得不依附于这些力量的个人和集团——"靠着墙"的门，却试图克服惰性——"墙不动 / 它动"；可是这种努力常常成为徒劳或姿态，它（个人或集团）的克服惰性的意图，最终常常还是表达了"墙"的意志——"它 / 就是墙的嘴"。

　　整体象征最困难的地方，就是如何不动声色地把比拟物的真实细节，巧妙地与未加指涉的象征主题捏合在一起，难就难在象征主题不能指涉。因为一经指涉（即所谓"点题"），就成了传统的修辞主义作品，就不是真正的整体象征了。

请看诗人是如何处理门的两个基本细节的：

细节一，门的开与关导致门轴的尖利声响。"有人进去，它一声尖叫／有人打这儿／出去，它同样／一声尖叫。"第二节完全是白描，象征什么呢？上下结构足以暗示读者："有人进去"是指有人向"传统"之类集体性力量屈服，某种程度上与"墙"对立（首节已经暗示）的"门"当然要发出抗议——"一声尖叫"；但是"有人打这儿出去"（暗示有人远离"传统"之类集体性力量而去），与"墙"事实上连成一体的"门"照样要发出抗议——"它同样一声尖叫"。

细节二，门的活动性依赖于门轴立足在与墙一体的门臼里。由于整体象征在思维方式上已经超越了一个词语（本体）与一个词语（喻体）之间的局部联系，而是在全部词语与潜藏在全部词语背后的象征主题之间建立整体的对位和双向的对流；因此诗中虽然没有把"门轴"比喻为"牙齿"，也没有把"门洞"比喻为"嘴巴"，但是结构的自动整合导致的对象化自动对位，已经清晰地暗示出"牙齿"就是"门轴"，"嘴"就是"门洞"——尽管"门轴"和"门洞"这两个词语在诗中根本没有出现。因此第三节"但它的牙齿／不在它的嘴里",就不仅包含了两个比喻的全部功能,而且同时启发了读者的深刻感悟:与"墙"表面上对立的"门",实际上是"墙"的代言人,"门"的"尖叫"就是不说话的"墙"的内在意志。

于是全诗结构顺利合龙:"它不／想离开墙／它离不开墙／它压根就／死死地贴着墙。""门"和"墙"既对立又依附的关系至此被揭示无遗,"墙"的根本的封闭性和保守性与"门"的表面的开放性和自由性,体现了"传统"之类集体性力量的基本特点。读者还可能进一步联想到"墙"与"门"围起来的是什么,以及为什么要围起来等等。

最后一节的结构合龙不是传统意义上的"点题",因为诗人没有揭示任何"主题";这种合龙既是为了结构的完整和完美,也是为了使象征主题明澈和透亮(修辞主义的局部"象征"如果对象征主题不加指涉,读者只能毫无把握地胡猜,却不能找到全面内证),达到对读者毫无强迫、毫不说教的暗示。因此整体象征作品不宜过长,当然长度不可能有任何规定,在创作上要看作者的结构手段(思维整合力)如何,在阅读上要看读者的欣赏水平如何。

这首《门》的思维方式和表达方式极其纯粹和洗练,没有一个词语是多余的;它是一幅线条简洁、入木三分的杰出版画。

沉思的中国门

海子

静 而 圣

动 而 王

——庄子

青麒麟放出白光

三个夜晚放出白光

梧桐栖凤

今天生出三只连体动物

在天之翅

在水之灵

在地之根

神思，沉思，神思

因此我陷入更深的东方

兄弟们依次狰狞或慈祥

一只红鞋

给菩萨穿上

合掌

有一道穿透石英的强光

她安祥的虹彩

自然之莲

土地，句子，遍地的生命

和苦难

赶着我们

走向云朵和南方的沉默

井壁闪过寒光的宝塔

软体的生命

美丽的爬行

盛夏中原就这么过了

没有任何冒险

庄稼比汉唐陷入更深的沉思

不知是谁

把我们命名为淡忘的人

我们却把他永久地挂在心上

在困苦中

和困苦保持一段距离

我们沉思

我们始终用头发抓紧水分和泥

一个想法就是一个肉胎

没有更多的民间故事

远方的城塌了

我们就把儿子们送来

然后沿着运河拉纤回去

载舟覆舟

他们说

我们在心上铸造了铜鼎

我们造成了一次永久的失误

家是在微笑时分

墙

挡住无数的文字和昆虫

灯和泥浆

一直在渴望澄清

他从印度背来经书

九层天空下

大佛泥胎的手

突然穿过冬天

在晨光登临的小径上漫步

忏悔

出其不意地惊醒众人

也埋葬了众人

中国人的沉思是另一扇门

父亲身边走着做梦的小庄子

窗口和野鹤

是天空的两个守门人

中国人不习惯灯火

夜晚我用呼吸

点燃星辰

中国的山上没有矿苗

只有诗僧和一泓又一泓清泉

北方的木屋外

只有松树和梅

人们在沙地上互相问好

在种植时

按响断碑流星

和过去的人们打一个照面

最后在河面上

留下笔墨

一只只太史公的黑色鱼游动着

啊，记住，未来请记住

排天的浊浪是我们唯一的根基

啊，沉思，神思

山川悠悠

道长长

云远远

高原滑向边疆

如我明澈的爱人

在歌唱

其实是沉默

沉默打在嘴唇上

明年长出更多的沉默

你们抚摸自己头颅的手为什么要抬得那么高？

你们的灶火为什么总是烧得那么热？

粮食为什么会流泪？河流为什么是脚印？

屋梁为什么没有架起？凝视为什么永恒？

门前

顾城

我多么希望，有一个门口
早晨，阳光照在草上

我们站着
扶着自己的门扇
门很低，但太阳是明亮的

草在结它的种子
风在摇它的叶子
我们站着，不说话
就十分美好

有门，不用开开
是我们的，就十分美好

早晨，黑夜还要流浪
我们把六弦琴交给他
我们不走了

我们需要土地
需要永不毁灭的土地
我们要乘着它
度过一生

土地是粗糙的，有时狭隘
然而，它有历史
有一分天空，一分月亮
一分露水和早晨

我们爱土地
我们站着，用木鞋挖着
泥土，门也晒热了
我们轻轻靠着
十分美好

墙后的草
不会再长大了，它只用指
尖，触了触阳光

三弦
沈尹默

中午时候，火一样的太阳，没法去遮拦，让他直晒着长街上。静悄悄少人行路；只有悠悠风来，吹动路旁杨树。

谁家破大门里，半院子绿茸茸细草，都浮着闪闪的金光。旁边有一段低低土墙，挡住了个弹三弦的人，却不能隔断那三弦鼓荡的声浪。

门外坐着一个穿破衣裳的老年人，双手抱着头，他不声不响。

门

叶公超

我常想，在我们这开化民族的复杂生活中，要举出一件东西来可以代表我们文化的精神的，除了"门"以外，还想得出什么呢？读者不必深想。不是别的，就是我们人人每天都要经过的门——房门、家门、校门、城门，以及其它种种一重一重的门。不但我们奔波劳碌的人脱离不了门，就是轻易不出家门的人，他们在日常思想中，也难免不知不觉的和门发生了关系。人类的历史尽可以说是门户的历史。我们生活中的门，当然不限于我们抬头就看得见的这扇物质的门。我们文字中，思想中，习惯中都无时没有一种门的存在。在旧礼教里，不用说，因门的意义而产生的习俗和思想，处处都是。提起婚姻来，谁不要求门当户对的，才貌双全的；谈论家世的人，当然脱离不了门荫祖德和门第家风的观念；小孩子在私塾里开蒙，总要先拜过老师的门，才算是入学了，同时这位老师呢，当然是无数孔门弟子之一。岂但旧脑筋如此，我们的新脑筋、新思想又何尝不充溢着各种门的观念呢？我们不断的听人说：教育要专门，办事要有门径，进屋子总要敲门才算有新礼貌；官场、商界，以至于党部都得要些门面来做本钱。

多半的人生活中只看见有物质的门，而想不到这种实质的物体却暗含着什么精神上的意义，他们更想不到在我们每个人的单独生活中，从极单纯到极复杂的生活中，都有一道最后的门。聪明些的人知道这重门是最后的，神秘的，不可侵犯的，所以每次路过门前，至多也就住一下脚，再张望一回，便走过它了。缺乏想像的人，一旦发现了这重深闭的门，哪肯轻易不响的走过去就算了。我想他们少不了一敲再敲，一闯再闯……等到闯了进去，他也就可以不必出来了。看过厨子杀甲鱼的人都该明白这个结局。我不敢再想了，想起来真的令人寒战。我往往夜间从戏园里出来，一路走着，耳朵里仍带着不少的余音，经过一家一家的大门，关闭的都和坟墓一般的严肃，靠街的那间屋里还有灿耀的灯光从楣窗上直射出来，我这时候常爱忖度屋里的人或是鬼在那儿干些什么，尤其是看了《空城计》《坐楼杀惜》这类戏之后，想像似乎更加来得活动；其实门后的秘密何只这两幕……。人类的好心和追求心都是因门的阻碍而产生的，但是人类的经验并不鼓励我们去闯进所有遇着的门。多数自寻短见和态度悲观的人，都是曾经揭穿过，或看穿过种种门中门的罪人。读过《天方夜谭》的人，自然会了解为什么最后一道门不要去开它。譬如金马门里的爱结士子，闯进了末了一道门之后，出来果然就瞎了只右眼。有的读者说，这又何苦呢？同时也有人说，瞎了一只又何妨呢？事实上爱结王子还能出来，回到十个少年那里去，乃是为继续故事起见，在实际生活中呢，多半是没有下文的。

门，我方才说过，是可以代表我们文化精神的一种设备。我想凡在人与人集居的地方，门的功用不但能隔阂我们，同时也更能连络我们。在这一开一关之间，社会道德已有了稳固的基础。现代社会里最大罪恶的就是没有公私观念的人。这类动物少不了用关键的铁门来对付他们，宽容一分都不妥当。同时在有公私观念人的交际生活中，门是绝对有连络性的。古人云："君子之交淡如水"，这就是说朋友彼此不要忘记门是可开可关的设备。有门才有交情，因为门是使我们不接不离的媒介；所以人间能持久的关系，不论是朋友、兄弟、夫妇，都是一种永有界线有门的联络。美国现代诗翁弗乐士特（Robert Frost），在他一首著名的诗里的末行说："……Good fences make good neighbours."我想把它改作"Good doors make good friends"似乎更加恰切。

城市里的人家昼夜无不闭门的，乡间农家的门至少白天都是开着的。这不是城市与乡间的根本差别吗？城市里的人不由自主的藏在千门万户后面，乡下人物质上只有一重门的享受；这重门除了夜间掩闭一下，几乎等于没有门。城里的人偶到乡间去游顽，走过农家的门口，看见两扇门都大开着，反倒不敢一直望进去，好像无故去掏人家的荷包似的，不免觉得有些难以为情。这是因为城里的人多惯于闭门的生活，到了乡间虽然脱离了物质的门，他们的习惯和思想中仍然是有一重一重的门在那里。乡下人进城去，自然更加觉得离奇了：举目一望，无处不是关紧了的门，门上多半还按着有闪亮的门环和洋锁。这种神秘的景况，当然会引起他的好奇心；结果，又和爱结王子一样，他也一重一重的闯开来观光一下，直到闯进了最后一道，果然右眼也瞎了。

门

董桥

　　"门"是人类日常生活里一种最恐怖的威胁。开着的门，是陷阱；紧关着的门，是绝望的面具。无论是铁门、木门、蓬门、朱门，高高的门和低低的门，厚的门和薄的门，卧室的门、厕所的门，无不象征一种不可告人的故事。中国人有所谓"门人"或"门生"之称，更是树朋党立门户的前奏曲。《宋书》说徐湛的门生千余人，皆三吴富人子，每次出入行游，"涂巷盈满"，这使人想到时下文坛林林总总的帮派，各创惊人之语，然后当街谩骂，然后执笔上阵，然后各揭阴私，然后非置仇人于死地而不休。这都是"门"的罪过。

　　人间还有许多不同类人的脸：商贾的脸，乞丐的脸，富孀的脸，绅士的脸，作家的脸，娼妓的脸，义士的脸，大官的脸和小白脸……但是，天下最不讨人喜欢的脸，是"门吏"的脸。"门吏"者，守门之吏也，或私家所用之阉人也，或门下办事之人也。这些人寄身在人家的门下，还要作威作福，喝叱异己，媚上欺下，啼笑不由自己。"群臣进谏，门庭若市"的时候，门吏固然不可一世；一旦权势已去，门可罗雀，门吏也就卷席他往，另寻门户。这一生从一扇"门"，辗转到另一扇"门"，既不能摇身一变而为"门神"，寿终正寝的时候，可能连"门"边儿都不曾摸到，一辈子是"门外汉"。

我们现在"朝九晚五"，营营役役，猎食终日，晚上还要兼职补贴，宁愿冷落娇妻、不顾儿女，归根究底，还是为了光耀"门"楣。因为"门"是面子，只要"门庭"漂漂亮亮，自己面黄骨瘦，也在所不惜！……

现在世界大乱，许多人口口声声在高谈追求世界和平之"法门"。其行虽愚，其情可悯。其实只要有一天世界上所有的"门"都给劈掉了，世界和平的日子自然接踵而来了。一切流血斗争，深仇大恨，都起因于阶级权利的不均衡。而"门"是打破这个阶级悬殊的阻力：小自住家门上的"外窥孔"，大至象征国门的机场海关的入境登记处，都是属于变相的"门罗主义"。

日常生活里，我们受"门"之"累"，几不可胜数！夫妻吵架，妻子把门砰然关上，大丈夫只好冤沉大海，睡在客厅，不得其门而入。上司老板关起门来密谈，小的在门外忐忑不安，等到门开了，上司可能宣布请你"另谋高就"，一声拜拜，砰然关门。……

天下还有"伟大"的"门"：那是"门庇""门荫""门功"之类的门。韩愈《殿中少监马君墓志》云："生四岁，以门功拜太子舍人。"这是托祖父之功而得官也。还有"石阶藉门荫，屡登崇显"，现代人所谓藉"人事关系"而登堂入室，而升官发财者，泰半是托伟大的"门"之福。但是，人间最伟大的"门"，大概只有主理人体新陈代谢作用的那一"门"。

（略有删节）

门

〔美〕克里斯托弗·莫利

开门和关门是人生中含意最深的动作。在一扇扇门内，隐藏着何等样的奥秘！

没有人知道，当他打开一扇门时，有什么在等待着他，即使那是最熟悉的屋子。时钟滴答响着，天已傍晚，炉火正旺，也可能隐藏着令人惊讶的事情。也许是修管子的工人就在你外出之时已经来过，把漏水的龙头修好了。也许是女厨的忧郁症突然发作，向你要求得到保障。聪明的人总是怀着谦逊和容忍的精神来打开他的前门。

我们之中，有谁不曾坐在某一个接待室里，注视着一扇门的谜一般意味深长的镶板？或许你在等待申请一份工作，或许你有一些你渴望做成的"交易"。你望着那机要速记员轻快地走出走进，漠然地转动着那与你的命运休戚相关的门。然后那年轻的女郎说："克兰伯利先生现在要见你。"当你抓住门的把手，你就会闪过这样的念头："当我再一次打开这扇门时，会发生什么事情呢？"

有各种各样的门。有旅馆、商店和公共建筑的转门，它们是喧闹的现代生活方式的象征。难道你能想象密尔顿或潘恩急匆匆地穿过一扇转门吗？还有古怪的吱吱作响的小门，它们依然在变相的酒吧间外面晃动，只有从肩膀到膝盖那样高低。更有活板门、滑门、双层门、后台门、监狱门、玻璃门……然而一扇门的象征和奥秘存在于它那隐秘的性质。玻璃门根本不是门、而是一扇窗户。门的意义就是把隐藏在它内部的事物加以掩盖，给心儿造成悬念。

开门的方式也是多种多样的。当侍者用托盘端你晚餐时，他欢快地用肘推开厨房的门。当你面对上门推销的书商或者小贩时，你把门打开了，但又带着猜疑和犹豫退回了门内。彬彬有礼、小心翼翼的仆役向后退着，敞开了属于大人物的壁垒般的橡木门。牙医的那位富于同情心然而深深沉默的女助手，打开通往手术室的门，不说一句话，只是暗示你医生已为你做好了准备。一大清早，一扇门猛然打开，护士走了进来——"是个男孩！"

门是隐秘、回避的象征，是心灵躲进极乐的静谧或悲伤的秘密搏斗的象征。没有门的屋子不是屋子，而是走廊；无论一个人在哪儿，只要他在一扇关着的门的后面，他就能使自己不受拘束。在关着的门内，头脑的工作最为有效。人不是在一起牧放的马群。狗也知道门的意义和痛楚。你可曾注意过一只小狗依恋在一扇关闭的门边？这是人生的一个象征。

开门是一个神秘的动作：它包容着某种未知的情趣，某种进入新的时刻的感知和人类烦琐仪式的一种新的形式。它包含着人间至乐的最高闪现：重聚，和解，久别的恋人们的极大喜悦。即使在悲伤之际，一扇门的开启也许会带来安慰；它改变并重新分配人类的力量。然而，门的关闭要可怕得多，它是最终判决的表白。每一扇门的关闭就意味着一个结束。在门的关闭中有着不同程度的悲伤。一扇门猛然关上是一种软弱的自白。一扇门轻轻关上常常是生活中最具悲剧性的动作。每一个人都知道把门关上之后接踵而来的揪心之痛，尤其是当所爱的人音容犹在，而人已远去之时。

开门和关门是生命之严峻流动的一部分。生命不会静止不动并听任我们孤寂无为。我们总是不断地怀着希望开门，又绝望地把门关上。生命并不像一斗烟丝那样持续很久，而命运却把我们像烟灰一样敲落。

一扇门的关闭是无可挽回的，它像突然扯断了系在你心上的绳索。重新打开它，是徒劳的。至于另一扇门是不存在的。门一关上，就永远关上了，通往消逝了的时间脉搏的另一个入口是不存在的。

克里斯托弗·莫利（1890—1957），美国作家，出生在宾夕法尼亚州哈弗福德，父亲是数学教授，母亲是诗人、音乐家。他从大学时开始写作，一生著作颇丰，小说、散文、诗集等作品超过100部。

午门

汪曾祺

旧戏、旧小说里每每提到推出午门斩首，其实没有这回事。午门在紫禁城里，三大殿的外面，这个地方哪能杀人呢！从元朝以来，刑人多在柴市口（今菜市口）、交道口（原名"交头口"）或西四牌楼。在闹市杀人，大概是汉朝以来就有的规矩，即所谓"弃市"。晁错就是"朝服斩于市"的。午门是逢什么重要节日皇帝接见外国使节和接受献俘的地方。另外，也是大臣受廷杖的地方。"廷杖"不是在太和殿上打屁股，那倒是"推出午门"去执行的。"廷杖"是明代对大臣的酷刑。明以前，好像没听说过。原来打得不重，受杖时可以穿了厚棉裤，下面还垫了毡子，"示辱而已"。但挨了杖，也得躺几天起不来。到了刘瑾当权，因为他痛恨知识分子，"始去衣"，那就是脱了裤子，露出了屁股来挨揍了。行刑的是锦衣卫的太监，他们打得很毒，有的大臣立毙杖下，当场被打死的。

午门居北京城的正中。"午"者中也。这里的建筑是非常有特色的。一是建在和天安门的城墙一般高的城台之上，地基比故宫任何一座宫殿都高。二是它是五座建筑联成的。正中是一座大殿，两侧各有两座方形的亭式建筑，俗称"五凤楼"。旧戏曲里常用"五凤楼"作为朝廷的代称。《草桥关》里姚期唱："到来朝陪王在那五凤楼",《珠帘寨》里程敬思唱："为千岁懒登五凤楼"。其实五凤楼不是上朝的地方，姚期和程敬思也不会登上这样的地方。

五凤楼平常是没有人上去的，于是就成了燕子李三式的飞贼的藏身之所。据说飞贼作了案，就用一根粗麻绳，绳子有铁钩，把麻绳甩上去，钩搭住午门外侧的城墙。倒几次手，就"就"上去了。据说在民国以后，午门城楼上设立了历史博物馆，在修缮房屋时，曾在正殿的天花板上扫出了一些烧鸡骨头、桂圆、荔枝皮壳。那是飞贼遗留下来的。我未能亲见，只好姑妄听之。理或有之：躲在这里，是谁也找不到的。

一九四八年，我曾在历史博物馆工作过将近一年，而且住在午门的下面。除了两个工友，职员里住在这里的只我一个人。我住的房间在右掖门一边，据说是锦衣卫值宿的地方。我平生所住过的房屋，以这一处最为特别。夜晚，在天安门、端门、左右掖门都上锁之后，我独自站立在午门下面的广大的石坪上，万籁俱静，满天繁星，此种况味，非常人所能领略。我曾写信给黄永玉说：我觉得全世界都是凉的，只我这里一点是热的。

于是，到一九四九年三月，我就离开了。

门槛——梦

〔俄〕屠格涅夫 巴金/译

我看见一所大楼。

正面一道窄门大开着。门里一片阴暗的浓雾。高高的门槛外面站着一个女郎……一个俄罗斯女郎。

浓雾里吹着带雪的风，从那建筑的深处透出一股寒气，同时还有一个缓慢、重浊的声音问着：

"啊，你想跨进这门槛来做什么？你知道里面有什么东西在等着你？"

"我知道。"女郎这样回答。

"寒冷、饥饿、憎恨、嘲笑、轻视、侮辱、监狱、疾病，甚至于死亡？"

"我知道。"

"跟人们的疏远，完全的孤独？"

"我知道，我准备好了。我愿意忍受一切的痛苦，一切的打击。"

"不仅是你的敌人，就是你的亲戚，你的朋友也都要给你这些痛苦、这些打击？"

"是……就是他们给我这些，我也要忍受。"

"好。你也准备着牺牲吗？"

"是。"

"这是无名的牺牲，你会灭亡，甚至没有人……没有人知道，也没有人尊崇地纪念你。"

"我不要人感激，我不要人怜惜。我也不要名声。"

"你甘心去犯罪？"

姑娘埋下了她的头。

"我也甘心……去犯罪。"

里面的声音停了一会儿。过后又说出这样的话：

"你知道将来在困苦中你会否认你现在这个信仰，你会以为你是白白地浪费了你的青春？"

"这一层我也知道。我只求你放我进去。"

"进来吧。"

女郎跨进了门槛。一幅厚帘子立刻放下来。

"傻瓜！"有人在后面嘲骂。

"一个圣人！"不知道从什么地方传来了这一声回答。

叩门

〔奥〕卡夫卡　谢莹莹/译

那是夏季燠热的一天。我和妹妹在归家途中经过一家宅院的门口。我不知道她是出于轻率鲁莽，还是因为心不在焉，拍了一下宅院的大门，或者她只是比划了一下而未曾真的打到门。我们大约走了百步远，到了公路左拐处，那儿正是村头。我们不认识这个村庄，可是，过了第一家人家便立刻有人出来，他们或是友善地或是带着警告地招呼我们，他们显得很惊恐，因为惊恐而弯腰低头。他们指着我们刚才经过的大院，让我们别忘了刚才敲过院门。院子主人会控告我们，很快就要审讯。我很沉着，还安慰着妹妹。她很可能根本就未曾敲门，即使她敲了，全世界也不会有个地方为此而开庭审判。

我也尽量想让围着我们的那些人明白事情的原委，他们听着我说话，但不加评论。后来他们说，不但我妹妹，连我作为兄弟也将会被控告。我微笑着点点头。我们大家回头望着那大院，就像人家注视着远处的浓烟，等待着看大火出现一样。而我们很快就真的看见一队骑兵进入敞开的院门。尘土飞扬，什么都被遮住了，只有长矛的尖端闪烁着。骑兵队伍好像是一进入院里就立刻转身往我们这边来了。我叫妹妹赶紧走，我会独自把事情澄清的。她不愿意把我一人留下。我说，那她至少也得换件衣服，在大人物面前该穿得比较得体些。她终于听了我的话，上路回家。回家的路很远，骑兵一下子就到了我们这儿。他们还未下马就问起我妹妹。她眼下不在这儿，过一会儿就来。人们胆怯不安地回着话。他们几乎是漠不关心地听着，看来重要的是找到了我。带头的有两位先生，一位年轻活泼的法官和他那个不言不语名叫阿斯曼的助手。他们要我走进那家农舍，我摇晃着头，拉拉裤子的吊带，在先生们严厉的目光下晃悠悠地走起来。我几乎还相信，只要一句话，我这城里人就能从这些乡下人群中被解救出来，甚或还能光彩地获得自由。

但是，当我踏进房舍的门槛时，那位先我而入、已等待着我的法官说："我觉得这人真可怜。"毫无疑问，他所指的并非我目前的状况，而是行将发生在我身上的事。这房间看起来不像是农舍而更像是监牢，大石板地，光秃秃又黑乎乎的墙，有个铁环嵌在墙里，房间正中的木床像是手术台。

（我还有机会呼吸监牢以外的空气吗？这是个大问题。更确切地说，这可能是个大问题，如果我还有希望被释放的话。）

叩门

茅盾

答，答，答！

我从梦中跳醒来。

——有谁在叩我的门？我迷惘地这么想。我侧耳静听，声音没有了。头上的电灯洒一些淡黄的光在我的惺忪的脸上。纸窗和帐子依然是那么沉静。

我翻了个身，朦胧地又将入梦，突然那声音又将我唤醒。在答，答的小响外，这次我又听得了呼——呼——的巨声。是北风的怒吼罢？抑是"人"的觉醒？我不能决定。但是我的血沸腾。我似乎已经飞出了房间，跨在北风的颈上，耄然驱驰于长空！

然而巨声却又模糊了，低微了，消失了；蜕化下来的只是一段寂寞的虚空。

——只因为是虚空，所以才有那样的巨声呢！我哑然失笑，明白我是受了哄。

我睁大了眼，紧裹在沉思中。许多面孔，错落地在我眼前跳舞；许多人声，嘈杂地在我耳边争讼。蓦地一切都寂灭，依然是那"答，答，答"的小声从窗边传来，像有人在叩门。

"是谁呢？有什么事？"

我不耐烦地呼喊了。但是没有回音。

我捻灭了电灯。窗外是青色的天空闪耀着几点寒星。这样的夜半，该不会有什么人来叩门，我想；而且果真是有什么人呀，那也一定是妄人：这样唤醒了人，却没有回音。

但是打断了我的感想，现在门外是殷殷然有些像雷鸣。自然不是蚊雷。蚊子的确还有，可是躲在暗角里，早失却了成雷的气势。我也明知道不是真雷，那在目前也还是太早。我在被窝内翻了个身，把左耳朵贴在枕头上，心里疑惑这殷殷然的声音只是我的耳朵的自鸣。然而忽地，又是——

答，答，答！

这第三次的叩声，在冷空气中扩散开来，格外的响，颇带些凄厉的气氛。我无论如何再耐不住了，我跳起身来，拉开了门往外望。

什么也没有。镰刀形的月亮在门前池中送出冷冷的微光，池畔的一排樱树，裸露在凝冻了的空气中，轻轻地颤着。

什么也没有，只一条黑狗爬在门口，侧着头，像是在那里偷听什么，现在是很害羞似的垂了头，慢慢地挨到檐前的地板下，把嘴巴藏在毛茸茸的颈间，缩做了一堆。

我暂时可怜这灰色的畜生，虽然一个忿忿的怒斥掠过我的脑膜：

是你这工于吠声吠影的东西，丑人作怪似的惊醒了人，却只给人们一个空虚！

命门

林斤澜

西方有个诗人有首诗叫："门"。他说他"手上随处有门一扇"、"开向四面八方"。有时听见门里边在"狂吠"，在"嘤嘤哭泣"，在"雨声淅沥"；可是里边"没有狗"、"没有女人"，"没有雨水"。说得特别的是"钥匙儿灵巧可爱，像说谎者的舌头。""像活着的心房那样跳动。"

"甚至有时我自己敲了门，

锁孔也接纳了钥匙。

而我却没有找到我自己。"

东方有个退休诗人——退休是眼前的说法，传统上叫做退隐。住在郊区单元楼里，那天傍晚到田野散步，想着名片上可印"述而不作"四个字，不免得意，多走了几步，不觉天黑。往回赶时，已经看不见那一片楼房的轮廓，只见夜空一行行一点点灯火，或疏或密，或明或暗。隐约能听见起伏的叽啾叽啾，仿佛不是人世间的语言。随着阴气渗过来，心惊血沉，却又好不熟悉。只管顺着小路过去，有小山，到不了山前，有河，到不了河边，左手转弯，有双扇的后门。推开，几步，是个方方正正空空荡荡的花厅……诗人的眼睛"吃进"一张画，或是叫这张画"套牢"。

花厅不是正厅，原是这家人挂云图——代代祖宗画像的地方。这一张是云图中的行乐图，画中少女初嫁，眼如柳叶，嘴如樱桃。珠冠沉重，霞帔庄严。更加色彩斑斓，整个像金属镶嵌锻造。可怜手腕细细，脖颈糯糯，青春袅动若不胜负担，气血升温若不堪磨擦。少妇一手推门，一手拿着铜锁匙，形似袖珍耙子，拴着红头绳蝴蝶结。那门没有打开！那门上有云纹，下有水波，不知道是什么门？诗人心中油然，眼睛却定定如油炒荸荠；兀那少妇的线条袅袅中，樱桃那里出现鸟爪，柳叶旁边发生鱼尾，细细的粗糙起来，糯糯的怎么僵硬了。啊，少妇变做老妇，珠冠似盔头，霞帔如甲胄，那门还是打不开，打了一生一世，耗尽年华，诗人心痛大叫：

"谁也没有打开过，那是生命的门。"

妇人吃惊，钥匙落地，诗人弯腰去拾，直起身时，眼前黑糊糊一片……不就是自家宿舍楼，不就是自家单元门前，推推，里面灯光明亮，老伴正和邻居争着麻将经：一个清一色，一个一条龙。诗人心想刚才做了场梦，荒唐！手心里却又捏着把东西，生怕老伴噜苏，赶紧朝裤兜底下塞，感觉到耙子似的，拴着头绳蝴蝶……心头暴擂瞎鼓，老伴迎门质问：

"单听，白板，自摸，几番？"

"几番风雨几番愁。"

敲门

林斤澜

　　退休诗人拉上窗帘脱掉外衣，和晚上睡觉一样的睡、午、觉。刚退休那几天，他和人说起好像兴高采烈："整下午睡、午、觉。"

　　后来下午有人敲门，他都好像烦恼了，小声嘟囔。可又高声答应，不让人走掉，立刻穿衣服，思想也随着活跃起来。

　　"谁啊？"大声。

　　"我。"

　　小声："我是谁？"大声："来啦。"小声："子曰：身体发肤，还有姓名，受之父母……"

　　这天做了个梦：盥洗盆子里浸出长头发，头发从水里冒上来，是个脑袋……这在电视里见多不怪了，不过那是池，是湖，是海。盆子有多大？冒上个长头发脑袋满膛满腔的，够刺激。冒上了脸，冒上了肩膀……原来是表妹。表妹还是少女模样，脸上身上滴滴答答，是水珠是泪珠分不清。那眼睛对面视而不见，在天边天外云游，是梦是痴是渺茫……

　　敲门。

诗人惊醒。

"谁啊？"

"我。"

诗人穿衣服，小声嘀咕：我是谁？中国人非不得已，不报自己的名字。外国人一拿起电话不等问，就自报名字，这是"死的瘟生"办公室，中国戏曲舞台上"报名而进"的，肯定是下属下辈，要是特别要谁报名，不是奚落就是刁难。弄得问都不好问，先绕弯儿问单位。诗人系着扣子，大声：

"您是哪儿啊？"

"我。"

小声：还是"我"。父辈的名字连写也得多一笔少一笔。或是找个同音字顶替叫做避讳。外国人叫爸爸小名，叫爷爷外号，说那叫亲，那叫真。可人家不养老人，孩子养到十八独立。亲吗？真吗？有天伦之乐吗？诗人把根拉链一气儿拉到头，向门外招呼：

"来啦。"

中国人不单血亲，连知心朋友，都能有心灵感应……感应，啊，脑子里砰的出现一座木头小楼，在水池边上。表妹坐在窗里。光线幽暗，可那眼睛的渺茫，就是黄昏时节也穿透过来。她父亲锁了楼门，她大哥钉了窗户……

退休诗人趿拉着鞋，拽开房门，门外一干二净，连个人影也没有。偏偏廊道中间有一摊水迹，盆子般大……诗人盯着水迹看见自己青春年少，趁黄昏爬上池边小楼，对着钉死的窗子，告诉里边千万想得开，来日方长。表妹说放心。若有三长两短，定来告别……当时心都碎了，怎么这些年给忘记了。那么今天来敲门，到底今天告别来了。那么她是从水里走的，是水遁。

中国的感应。

锁门

林斤澜

　　这个苗条的老人家不论哪一路算法，都算是老年了。体态的轻盈已成轻飘，孙女儿不时拽着点，仿佛经不起人来人往的气流推搡。老人梳背头，花白头发纹丝不乱贴在脑后。深色衬衫，外罩浅棕条纹坎肩，上下不见星星尘土。一条雪白的麻纱手巾，老像没下过水，一只角掖在坎肩的右腋下，半藏半潇洒在胸前。随手一拽下来，掖掖眼角嘴角。和人谈话时候，掖在手心里，手指摩挲……这一条白手巾，带来风韵犹存。

　　孙女儿十来岁，架着黑边眼镜，架起了世事洞明的样子。孙女牵着奶奶走上台阶，吩咐：

　　"慢着，五十年没有见面了，不忙这两步……"

　　"一晃工夫。"

　　走到退休诗人门前，奶奶退后半步，孙女冲前一步，立刻敲门，一声比一声大。

　　里面幽幽的传出来断续声音。

　　"老伴，打牌去了，锁门……"声音虚弱下来，像是说"起不来"。声音又挣扎加强。"……别等我起来。"

　　奶奶转身走开，走到台阶那里，头重脚轻，坐了下来，孙女赶过来挽一把，开导道：

"糟老头子瘫了，你还激动什么？看，脸也白了，累不累……"

奶奶伸手拽白手巾"……手也哆嗦，值当？"耸耸娇嫩鼻子，纠正黑边眼镜。

奶奶自言自语。

"就和昨天一样，就是这么句话：'别等我起来'。当时成了名言。"

"成了弱智。"

"那是一首叙事诗。那是大敌压境，兵荒马乱。大道边上有棵大树，一个瘫子上身靠在树干上，下身盖着毯子。有钱人拎着包包过来了，瘫子圆睁双眼，毯子下边支起来木头手枪，大喝一声：把包包放下，赶快逃命，趁我没改变主意，别等我起来……后来瘫子拉起来一支游击队。"

"奶奶，你两眼好精神，哇，好靓哇！"哇，似是进口的口气。

"别等我起来！乐观，幽默，这就够了，还朝气勃勃。"

"这是夸诗人了，因为出了诗的范围。得，再过五十年，腿脚总要差些，不一定再来。"

拉起奶奶，再到诗人门前，使劲敲门。

里边的声音像游丝，也像苦吟宝塔诗。

"……我 / 钥匙 / 打不开 / 自家的门 / 老伴去打牌 / 两

脚麻木不仁……"

孙女正要嚷嚷，发觉奶奶又溜走了。还是坐到台阶那里，斜斜晕在花坛上，拽下白手巾，本要扇扇风，又一扔，盖住半边脸，半边飘落胸口。

孙女耸耸黑边眼镜，叹出来一口元气，说：

"够浪漫的。"

白毛巾微微起伏。

"一辈子打开过多少，就是打不开自己的门。"

门？

林斤澜

大约是 1986 到 1987 年间，我的系列小说"矮凳桥"交浙江文艺出版社出版，责任编排是汪逸芳。她工作认真，在二校三校的麻烦中，却透露一种喜悦之情。书印出来后，有天到北京我家来，谈起"无错不成书"，我称赞这本书封面设计好，校对好，不过也还有个把错字。她听了一"呆"，几秒钟后，轻轻说道：还有错的吗！我立即没有了把握，想着那个别的字可能原来如此，是我现在看着别扭，我有这个毛病。

这时候，我一点也不知道她在编余，不断地写着散文。她什么也不说。

到九十年代初，我先在《新民晚报》上，后在别处，看见一些千字小品，写小小家庭中的日常生活，文字简约，有情有趣，亲切里带着俏皮。署名汪逸芳。

不止一次请杭州人打听一下，这个汪逸芳是不是出版社里那位小说组长，男式青年头，却又细心轻声的女士。人家总是忙吧，没有回话。后来《杭州日报》的小杭来京约稿，一下证实了"绝对是她"。

不久收到两本汪逸芳的散文集：《心雨》和《常有雨为

伴》。她喜欢雨。我把《心雨》匆匆通读一遍,《常有雨为伴》只读了小部分,准备外出放下了。又匆匆因别的事给小杭写回信,顺便扯了几句读后感,说到情说到趣说到文字好,带出来一句可惜——可惜临门一脚还欠火候。临门一脚是绿茵场上的言语,挪到爬格子上当然是当作比喻派了用场。先贤说过,凡比喻,都跛足。

过后汪逸芳来信,要求对"临门一脚"作出解释,坏了,向一个认真的人打了个不认真的比方。平日读报刊上文章,倒有想到临门一脚的意思。原本不来自汪逸芳的文章,现在扣到她头上,岂能对准合缝?若是对簿公堂,将无言以对。

散文以散当头,哪来的"门"?这里说的"门",泛指文学之"门"。文学有"门"吗?其实也只是比方"临门一脚"的说法,显出了一跛再跛,两条腿都跛了……糟了糟了,人家整整齐齐两本集子,难道意味着还在门外?不,对费劲才找到的作者,不会这么说。就算这么说了,也是彼此彼此,不会见外。

看来只好说说文学之"门",实际我是说不清楚的,有小说入门、诗歌入门一类的书,想必人家那里是一清二楚的事。我只自说自话,还不见得能够自圆其说。

话说"五四"扪倒文言文的时候,我还没有出世。我认字上学是在江南沿海,得风气之先的地方,又进了一个新派教育的小学，老师多有革命志士。我相信——至今也相信提倡白话文的伟大创举，不但文化上起死回生，还唤醒了民族灵魂。

我上中学时接触到新文学，那是和民族革命一起接受的。学习作文也同时学到"语文合一"的新派主张。指导我们"说什么，写什么""怎么说，怎么写""想什么，写什么""怎么想，怎么写"。

同时，文言文也还占着大地盘，还站在高层次，教科书上初一是一半对一半，二年级过半，年级越高百分比越大。像《陋室铭》《醉翁亭记》《陈情表》《赤壁赋》……琅琅爽口、袅袅绕耳。诗、词、曲的魅力，更不消说压着白话新诗。

有一阵，北京的一些学者教授，追求纯粹的口语，用差不多是录音的方法，写成书面文章，反倒噜苏颟（mān）预（hān）了，未能发展下去。

渐渐的我喜欢写点作文以外，朝文学那里投奔的东西了。可我还是照着"怎么说怎么写""语文合一"的教导。像是多年以后，才觉出来教导的，其实是"写什么"。写真情，写实话，写心事，写扬善惩恶……那么"怎么写"呢？只是"怎么说怎么写"一句话。这句话在反对文言时候是漂亮的革命口号，到得建设白话了，等于什么也没有说，因为说话与写作是两回事。长时间里，我们只顾"写什么"，以为那就够了。不顾"怎么写",白话文停留在学步状态。

文言文离我们越来越远,为了"后生",把古诗翻成白话如何?一翻,意义多少还有,韵味可是全丢了。那么小说呢,《聊斋》的白话本子成了白水,还不一定烧开过。因想千古流传的东西,是千年的精灵,随日月修炼,得山川生机。

白话文学先驱者面对海外,提出"拿来主义",说就是把人家枪毙了,也要掏一掏兜。因想自己家的古董,用不着"拿来"。枪毙过"左",连兜也不掏则"极左"。

"五四"开创了一个时代,曾经热血沸腾,意气风发。曾经狂风暴雨,曾经白,曾经红,都历历到达恐怖的地步。但无论如何开创了一个光辉的时代,是青史上赫赫的革命。

"五四"在世纪初,现在是世纪末。我们几代人写过许多诗,许多文,有好诗,有好文,有传世的诗,传世的文。但就大体说来,发生的魅力,尤其是语言艺术,那语言的魅力,还不如旧诗旧文。那么回过头去,写格律诗,写文言文,写半文半白的不三不四,或半文半洋的不中不西。谁愿意谁干去吧,没准儿都能干出名堂来。不过什么是真有名堂,有魅力就是。

魅属鬼又是魑魅魍魉四怪之一,难怪浑身云山雾罩,轮廓看个清,首尾见个全,性格脾气只在字里行间流走,拎不出来。

各人自在感觉去吧，寻找着感觉，变换着感觉吧。在汪逸芳的两本"雨"里，感觉到乡土，赤子之心，河，天伦，街与弄，城与年，人与物的沧桑……这些又都是古与今的散文里，生生不息的主题，可有得比较了！比较什么？应是魅力。魅力太鬼，比较感觉吧。感觉又喜新厌旧与厚古薄今不断倒换着脚。只好比较着眼面前的感觉了。

文学的门里，感字号差不多就是基础。感觉，感知，感性，感想，感悟……有人愿意把感悟推举到最高品位。一个感，一个悟，合到一起干的是什么？究竟也"玄"。

等而下之，有一个大家熟悉的东西叫想象，还有一个叫思索。

写乡土，写童年，汪逸芳力求真实，别人也一样。不过乡土或已远离，或已几经沧桑。童年早已如春水东流，如雾如露如电闪失。力求真实的乡土和童年，其实是经过时间的沉淀，空间的隔离，经过意识和下意识牵引，走进梦境一样的朦胧，在感性世界里走到最敏感的状态。这些个，叫它做想象。

同时，经过时间的沉淀，空间的隔离，经过意识和下意识的牵引，走进黑洞那样的深沉，在理性世界里走到终极观照的地方，这些个，叫它做思索。有这些和没有这些，仿佛是门里门外。

当然，各人各有偏向，各有深浅，各有局限，但，只要是个作家，他坐下来的时候，就要尽力——脑力和体力，去寻找字，造成句，组成章，好叫那些想象那些思索，在字里行间流走起来，发生或悲愤或飘逸或浓重或清淡的气流来。作家是坐家，他要坐得住，"写什么"，在坐下来之前大体准备好了。一坐下，夜以继日站不起来，应是一字一句地磨练"怎么写"。仿佛一招一式地磨练临门一脚。

我看作家没有坐下来的时候，有和别的行业不得一样的地方。一坐下来，就和诸多手艺人差不多了。写得好的作家，是会几手手艺，若有一两手绝招就更好了。写得很好的作家，是全卦子手艺吃得透了不显山露水。

....

汪逸芳还有小杭，我再也不能说什么了，只可这么答问。

（略有删节）

A Talk with Doors

/

作

开门杂忆

赵馨悦（十二岁）

这些被人遗忘之处，墙上还会有门环吗？

——题记

母亲：

这是我开始工作的第一天。虽然，我不知道怎么做，但是我剩下的岁月要与门打很长时间的交道。

我同其他人一起坐在那里，等待着门里可能出现的结果。你看，我进去了。屋里的一切，自然让我感到不安，但出来后，一切事物又让我感到心安，就像昨天您寄给我的书信。

母亲，您会害怕吗？我以后要为其他人修门，我准备不好怎么办，我身体不适怎么办？不知为何，这让我想到了《神曲》里的话：在这里定要放弃一切的猜疑，一切的怯懦定要在这里死去。是的，没有顾虑，没有害怕。但母亲，如果是您，您会怕吗？

儿子

1938 年 8 月 7 日

母亲：

您和父亲是否安好？

工作之初，有些可怕。在富人的傲视、穷人的期待中，我着实觉得有些失败了。

如果说，我是人，您是宇宙。母亲，我何曾打开过您的门。我的门，您的门，他的门，都一一消逝，我的世界已崩坏，我当初为什么要选择这条养家的路，我不知道。也许是因为有月薪。但正是因为我成了一个开锁人，我更加惧怕那门内的秘密。

母亲啊！您可以给我一些提示吗？您的在天之灵！

儿子

1938 年 12 月 10 日

老母：

现在不知已过去了多少日月，写完信件并寄出也不知是何时养成的习惯。

世界无常，世界思想仿佛都在人们生活的流水线上，我是一个多么可悲的人！母亲，我想您手上的毛线球，想您亲手做的饭菜，我怨我不能在有生之年多多陪您。现在的我也已步入老年，有妻子和女儿。门，在我们的一生中是多么重！

我是一个多么可悲的人！为别人开那么多道锁，就是打不开自己的门。

儿子

1960 年 2 月 10 日

叩门

李点乐（十一岁）

一扇沉思的中国门沉思着。它总是想着那些有名的门，它们都被许多人打开过，而沉思的门却总觉得没人来打开它。

天下第一门，依旧狂风呼啸，它是大自然的杰作，没有一扇门能有它这样的宏伟。它就像一扇通往自然的门，打开它，就能探索自然的奥秘。

地狱之门是一扇阴森的门，进入此门者，必须摒弃一切希望，打开这扇门，就审判了自己的罪恶。可就在这一扇生与死的门上，却坐着一位思想者，他在思考什么问题？是生与死，还是追问自己的本质？

从石门到铁门，雨果为我们打开了一扇人道主义的门，这两扇门也连接着生与死，更连接着人性的美与善，这两扇门，闪耀着文明的光辉。

教堂门上贴着马丁·路德的《九十五条论纲》，他始终相信上帝的力量，他义无反顾地变成了人们与上帝沟通的门。

无论是学校的芭蕉门，还是圣经中"羊的门"，叩开一扇门时，人们自己也变成一扇门。沉思的门经过这么久的沉思，终于发现，其实有很多人已经叩开了它，它只是需要通过叩开陌生人的门，来找到自己的家。

高贵的城门

刘艺婷（十三岁）

　　一扇门，一扇普通的城门，它只是众多城门中的一扇，与它们一起紧紧地贴在墙上。这扇城门与众多城门一样，每天都开，每天都关。白天打开大门，迎接来来往往进城出城的人，晚上就大门紧锁，保城里的人们一夜安眠。

　　它每天的任务就是开开关关，让人走进也让人走出，把人挡在门外，也把人关在门里。清晨来了，守城门的人准时把城门打开，这时城里便会热闹起来。城里城外，也会有人不断地进进出出，有人赶着车进城卖货，有人挑着担出城打柴，有乞丐拖着破罐进城要饭，也有富人驱车出城游玩，有的人高高兴兴哼着歌走进，也有人愁眉苦脸地走出。门见过千奇百怪的人，但它作为一扇门，最好的品质便是一视同仁，无论高矮胖瘦，贫富贵贱，都一样放他们进去，一样放他们出去。

　　而到了晚上，门就关上了。进城的人不再进城，出城的人无法出城。除了满天的星斗一闪一烁，有时有夜虫的鸣叫声，一切都很寂静。门知道，自己城里的千家万户也都闭紧了门，除了那些朱门，该酒肉臭还是继续酒肉臭。但门知道，一扇高贵的门不应该是酒肉臭的，作为一扇门，夜晚的品质便是沉默与紧闭。门就这样一直紧闭着，不发出一丝声响，等待着开门的早晨，等待着迎接各种各样的人。

就这样，日复一日，当初的新门变成了老门，当初的新漆已经斑斑驳驳，门上的铜环，也生出了铜锈，每天的开门与关门，都伴随着"吱呀"的声响。"是时候换一个城门了。"人们说。于是城门被拆下来，运往了城外。多少年来，看着人们进城出城，城门自己也终于出了一次城，但这是它的第一次，也是它的最后一次。它被运出了城，终于，作为一扇门的生命结束了。

但它知道，它这一生作为门是成功的，是高贵的，因为它包容、它沉默，它拥有作为门的一切优秀品质。

进门

汪宸（十一岁）

门，是人们害怕无人能进入墙体吗？他们惧怕的只是有危险从门进来。

当门里是黑漆漆的，却有人对你说"进门"。你定会感到不可知的空洞里面有未知的一切。

你入了门，却什么也看不见，兴许会有些磕磕绊绊。这时，一切都像幽灵。你会到处摸索，但怎么也找不到方向。

门似有似无，门可有可无。

你会继续前进吗？当你在不可计量的黑暗中，你希望门是开的，而门外是光亮。否则，门，等于没有。

前进过程中，有可能会经历一扇又一扇门，恐惧渐渐消失，但你仍会想起说话引导你的那个人，身后的门渐渐消失，又开启一扇新门。

相比之前，你会大胆得多，会隐约地感受到：进门，脚步会更轻快，因此你已经经历过一扇门。

眼前的黑暗不再那么昏沉，障碍少了许多，你不再踌躇顾虑，因为没有退路了，并且也没有那么多可怕的事物。

你会抬起手，接着寻找下一个门。你摸索到了一些规律，得要自己开门，没有门会发出亮光指引你。第二扇门，与第一扇不同了。

漫无目地到处走，越来越急，可能很晚才能打开它。

你再次触摸到熟悉的把手，进了另一个门。

这儿与别处不同，到处是光亮，你很清楚，自己的路走去哪儿都随你，只是结果都不同。

每当你选择了一条路，想要换，就必须回头重来。但想要坚持下来，仍然很难。

你碰到了门后，就会无比激动地闯出门了。如若你还想继续走，当然也可以。

这是我们命中的三道门，是从完全没头绪，到稍稍清楚，继而条理明晰，最后的门是一扇哲理之门，生命之门……

门

曾子齐（十一岁）

墙上有一扇门，
打开了还是墙。
——这是一扇没有用处的门。

车门打开是车内，
房门打开是房间，
商场的大门打开是商场……
而这扇门打开
还是墙。

校门打开是校内，
家门打开是家里，
图书馆的门打开是书籍……
而这扇门打开
还是墙。

门被一遍遍开启
然后关上，

每个人的好奇心

都在门里与门外

做着"气体交换"。

当一个人的好奇心

被点燃，

便是开门：

源源不断的新鲜感

一点一点

钻进门与墙之间的狭小空间。

无数个问号

在门边徘徊，

最终来到人的大脑。

当面对一堵墙时，

若你失望，若你沮丧，

这扇门便会关上：

所有的答案

又会在门里墙外静静等待，

等待一个有缘人的到来。

好奇心回到墙里，

不会

再一次打开这扇门。

门的灵魂
却不曾飘忽不定。
它永远
在开门的那一瞬间闪烁。

门

冯彦臻（十二岁）

门，有上千种，它可以是一座塔，一扇凯旋门，一扇沉思的门……你所见的一切事物都可以是门。门，无处不在，门中，无所不有，你永远不知道门中等待你的是什么，但往往门中的世界更令人好奇。门是伟大的，它阻挡了门中的东西，不让他们出来，保护了门外的人。

《青鸟》中就有许多门，你不知道在门中迎接你的是幽灵，是夜莺之歌，还是青鸟，或者是什么更可怕的东西。

朱门是富人才拥有的门，门内的大千世界是"门外汉"不曾见过的。"朱门酒肉臭，路有冻死骨"，富人把他们的一切关在门中，用门将荣华富贵关在门中，怕一不小心被人偷走。而那些穷人只好站在朱门外，等着被饿死。

地狱之门更是一扇门，是人的生死门。地狱门外的一切都是渺小的，微不足道的。当人们站在地狱的门前，永远不会知道门内藏的是什么怪物，魔鬼或一片混沌？人一旦走进地狱之门，或许就不是以前的自己了。所以地狱之门上总会有一位思想者，思考着门后的秘密。

当一个人开始思考，开始沉思，他就成了一扇门。门中之物会因你的想法而改变，所以门内是虚幻的，谁也不知道"思想"长什么样。

　　门是什么？我不知道，因为它可能是物，是人，也可能是其他东西。

　　门既让人爱，也让人嫉妒，门与世界不可分割。

门

黄若瑜（十一岁）

我看见，教室里的那扇门。

我们是愤懑的、苦闷的，而那苟活于墙缝之间的门正以一种审慎的目光凝视着我们。

也不知是谁把它建起。这一道门通往我们的少年时。

它是地狱之门，每天、每天……

它是一道没有门槛的门。这黑暗的闸门不由佛祖肩负，它对每一个人敞开。

刚开始从来没有人踌躇过，可如今挪动一分一毫都令人心惊。

大门紧闭，我们进得来，却再也出不去。

我对那大门说：

"你是什么呢？为什么将我们监禁？"

"我呀，"它说，"我是你们不敢破墙而入，不敢付之一炬的象征；我是你们的恐惧，我是软弱的自由。狗也知道门的痛楚，我是人生的一个象征。我负责、也必须负责根绝一切犹豫，在我眼前任何怯懦都无济于事。可我原来是朽木！我只不过是腐朽的浮雕，一个不为人知的英文字符。肩着黑暗的闸门，把他们送到光明的地方去！可这并非我的天职。我尽职尽责地看守着，就像上帝约束着羊的门——这活儿总得有人做。是的！这是我的通行证，我的墓志铭——悲伤。"

于是我又一次审视了前方。即使头破血流,我也要——我用人格的头颅重重地去撞那地狱之门。

门

罗程梦婕（十二岁）

如果我是一扇门，那我是石门、铁门、铜门、木门、玻璃门、地狱之门，还是房门、家门、校门、城门？还有一种可能，我什么都不是。

门是我们每一个人都无法离开的，每天上学、上班，辛勤奔波的人，总会走过一扇又一扇的门，这些物质的门都是人们最常见的东西，但门在精神世界中却另有含义。

我想成为梅特林克《青鸟》中的门，我锁着一个又一个的秘密，疾病、战争、幽灵……这些人们日常生活中最恐怖的威胁。人类凭经验，并不鼓励去硬闯它。

而我却更想成为城门，他没有衡门那么简陋，没有柴门那么寒酸，没有朱门那么红艳，更没有宫门那么拘谨，我只想看着每天来来往往的人们。看许多不同的脸，有商人的脸，绅士的脸，乞丐的脸，学者的脸，也有老人的脸，小孩的脸，姑娘的脸，男人的脸，女人的脸……总让人讨厌的，便是守城士兵的脸，他们白天要么出去巡逻，要么驻守在我旁边，面无表情，每到晚上的时候全城灯火通明，美景让人目不暇接，可那些士兵却面露凶相，把观景的人纷纷赶走。城里的繁华不见，又恢复了寂寞。

当人们心中有一堵墙时，我便愿意做那扇紧贴在墙上的门，那是通往世界的精神之门。它打开着，不是陷阱，也不是绝望的面具。那是通往人们内心的真实之门，它没有把手，无法打开，也无法关上。我为人们一直敞开着，让光线透进来，让阳光充满内心的每一个角落。

我是一扇门，我也许是青鸟中的门，也许是城门，也许是精神上的门，但我究竟是哪一个门呢？

门

宋忻柔（十二岁）

人们天天在门与门之间穿梭，总是怀着好奇心打开一扇陌生的门，又抱着另一种思绪出来。门隔绝了墙里和墙外，使它们对另一面永远保持着一种神秘感，总会让人产生无限的遐想。正因为这样，即便屋内破烂不堪，只要它的门还紧闭着，小偷依然会有把门打开的冲动。

世界上千千万万的门，见过所有门另一面的，也许只有风。它穿过一扇门是那样轻松，不需要钥匙，也无需推动，只要穿过那小小的缝隙就行了。但同时，风却没有人那般强烈的好奇心，它经过的门实在太多。它看过无数门后的世界，渐渐地，也就把这当成了一种常态。人与风自然是不一样的，当人面对门时为何会有如此多的遐想？到底还是因为见得太少。但这也许并不是一件坏事，人要是没了好奇心，世界又会怎样？不就像风一样凉丝丝的了？

并不是所有的门都能被打开。有些门一旦打开，就再也关不上了。即使关上了，从那门里逃出来的东西，也会带来意想不到的后果。正如《青鸟》里的门，那些门看起来都没什么区别，但谁也不知道，门后是幽灵还是疾病，或者是星星和萤火虫……

不断打开知识之门，就是打开世界的门。而心门则是通往每个人内心世界的入口，只有心灵的主人才能打开它，别人是无法轻易打开的。

　　门的后面是未知，是神秘，到底应该破门而入，还是敲门等待里面的回应，或在门外静默？这是一个问题。

门就是一个开关

陈涵（十二岁）

数不清的门，上了数不清的枷锁，而门里，又关着数不清的秘密或恐怖。

如生活中随处可见的防盗门。防盗门，顾名思义，就是防小偷、强盗的门。你看，那沉重的铁，将一个已经很窄的入口，与墙熔成了一体。厚厚的，在人的心上也筑成一道铁门，在这扇门里，到处是慌张、害怕、恐惧，任何一点风吹草动，都在这泛出一圈又一圈恐怖的涟漪。而这扇门，也关着外面的整个世界，不仅有小偷、强盗，其他美好的、温馨的、让人愉悦的事物也都被门关在外面。当这些幸福来敲门时，都被门另一旁的恐怖通通拒之门外。所以，门另一旁的人，只能生活在心惊胆战之中。

我想，门只是连通世界的美好与人心中的恐怖的通道。门关上了，世界就被挡在了门外；门打开了，打开的一刹那，门里不再是恐怖，而变成了一些秘密。因此，门里面就变成了一个仓库。

门打开后再关上，相当于正在打开的门，因为门里不再是恐惧，而是秘密。

门内门外

冯嘉乐（十二岁）

一扇薄薄的木门，镶嵌在并不坚固的围墙上。门内，是一个小世界，门外，是一个大世界。

拂晓时分，天安门内外开始车马喧闹，忧郁沧桑的大红门，傲视着长安街的喧嚣，它深思着，沉默着。黎明时分，这扇中国的大门，安有铜环的大门，缓缓向世界张开。那一瞬，打破了天安门的沉默、中国门的深思，墙外的世界涌进了门内。

午时，乡下的柴门吱吱嘎嘎地开了，妻儿招手，农夫回家吃饭。门外的世界全然不是大城市里的繁华热闹，有风吹过树叶的沙沙声，有鱼儿吹泡泡胀破的噼啪声，有鸟儿欢叫的啾啾声，有耕牛闲步时的踏踏声……柴扉外，是一个大自然的世界，这里，地球返璞归真。陋室内，则是一家子其乐融融的欢笑。

夜深了，一扇孤零零的小屋门半掩着，透出一缕月光，青鸟在月光中飞舞。门外万籁俱寂，真是一个沉睡中的世界。门内，却是幽灵飘浮、青鸟飞舞的可怕而又神奇的国度。这里有许多重门，每重门内都有恐怖的事物。一扇门，一扇薄薄的门，给予世人最大的威胁，但它又点燃了一个人的好奇，让探索的问号，在门外徘徊。门内的世界，一个想象的世界，新奇却又恐怖。

在时间齿轮的门前，你若是犹豫，若是懦弱，若是徘徊，那扇沉重的门就永远不会敞开，你将会永远被关在门外那已厌烦的世界，任由时间转动着，飞逝着，却没有办法进入到门内。因为你没有勇气推开那扇门，探索门内新奇的世界，打破你朦胧的梦幻。门将永远关闭，将门内迷雾般的世界与门外喧闹的红尘隔离着，而你永远找不到另一种由门外进入门内的方法。

门之说

刘尚钊（十二岁）

门，开着，关着。

一扇门里可以藏着一个宝藏，一座城，一只青鸟，甚至是一个秘密，一个境界，一种思想。

门有实心的。千门万户，他们的门或开或掩，或是铁门或是木门。道路和住户之间可以用门隔开，城与城可以用门连接，水可以通过闸门控制。这些作为工具，担当人类机器的门都是实心的。

但丁笔下的地狱之门，在书中敞开着。号称"天下第一门"的显胜门是天地的造化，是通向自然的门。孔子所创的孔门，是知识之门，道德之门。

人人心中都藏着一扇门，有人开着，有人关着。那扇门是知识、道德、思想的源泉，而你只负责开和关。门是一种精神，它有自己的价值，人们要学习门的朴实和无声。

真正的门不该有钥匙，钥匙束缚了一切。只有进和出才能让门有诚信和自由。

当人们叩门之时，不仅是对人的一种礼节，也是对门的尊重。你在叩门时，一定注视着它，它也看着你，它在与你对话。

门是一种考验。《青鸟》中的门让孩子们踌躇，在地狱之门前犹豫的人们，像程门立雪，是贾岛的"推敲"，是在坚持与放弃之中的选择，是成功与失败的分别。

读懂了门，就读懂了世界。有了开门的密语，才有无尽的精神与思想的财富。

年少有为

金恬欣（十二岁）

城市很喧嚣，车水马龙的街道上，是鼎沸的人潮。在老街的一角，是一个花店，不大不小。

我是花店的常客，总戴着耳机听一些不成调儿的曲子，算是自娱自乐吧。那一副耳机是一扇门，我在里，旁人在外。她们说我孤僻，所以活该无人在意。

花店的老板是一个与我年龄相仿的人，每每看到我光顾，总会露出她标准的笑。她笑起来很好看，眼睛也弯成了月牙形。每当我让她第二天帮我把花放到家中时，她总会为我加一枝满天星。

农历八月十五，我的生日。说起来很讽刺，八月十五，千门万户正团圆，唯我一人在街上徘徊。

耳机里不知放着什么曲子：

"假如我年少有为不自卑……"

儿时离家打工，唯一的梦想就是多赚点儿钱，养活家人。但在这繁华的城市里，自卑成了我与世界间唯一的门，我不敢出去，旁人不再进来。不敢回家，不敢面对七大姑八大姨的提问，不敢面对父母善解人意的脸。

于是门里的人活成了门的阴影，门外的人活成了光鲜亮丽的客人。敲着门,不敢开门,害怕打开门就是人的流言,害怕打开门就是黑夜里的洪水猛兽,轻而易举地把人吞没。

我走着走着,等千门万户把灯熄灭,熄灭……

回到家已是深夜,我坐在门的阴影里,看着门外稀稀疏疏的人。

突然听到敲门声,我犹豫着是否把门打开。门缝里看到,却是那个送花的人。

我打开门,听到她对我说——中秋快乐。

我第一次觉得心里有什么在融化,我眼前的世界骤然明亮。

我的世界,不再只是一个人。

后来,我实现了自己的梦想,也成了家。在许多场合也接到过别人送的花,却再没有看到过那个给我送满天星的女孩。是她助我摆脱自卑的阴影。

愿你年少有为——打开门,走向世界。你会发现,世界对你并非只有恶意。

千门，万门

郑佳煜（十三岁）

每扇门外，都有一扇门，反之，每扇门后，肯定也有一扇门。门的循环是无止境的，房门外是家门，家门外是楼道门，楼道门外又是电梯门……一千道门里是一万道门，物质的门里是精神的门，而精神的门往往和物质的门关系密切。

从元日那一天的门开始，截取一小段，这一小段外是时间的门，门里，时间在变幻。贴着"新桃"的门，传出犬吠的柴门，风雪之夜的柴门；柴门外是朱门，飘出酒肉味的富贵人家的红门，红门外又有一道衡门，属于贫苦人家的破门，富贵人家有一天可能会败光家产，变为穷人；被误传成"走狗"的郑板桥在"青藤门下"走过，古代大臣被"推出午门"受刑；弟子在师父家"程门立雪"……直到现在，我们开门、关门的瞬间，每一个动作，甚至都可以被称作"门"。

在故事里，《青鸟》中的一扇扇门被打开，《雷雨》中开场有那一圈门，各种各样的故事里也有一扇扇连接着的门。

罗丹的"地狱之门"里是凯旋门，是卢浮宫的特别的门——玻璃金字塔，是死死贴着的会尖叫的门……

所有门之间都是有联系的。

千万种门

李益帆（十岁）

门的姿态如一枝洋槐花，静静地绽放，静静地沉思，显示出了中国人的思想。

千门万户，千万种门，每种门都如同一个人的心扉。虽只挡着一扇门，但这扇门却是阻隔你一世的门，阻隔着面临生死的思考，阻隔着青鸟的炫彩，阻隔着父女的相见。

一扇小门是平等的象征，勇气的象征，那是一扇羊的门。充满希望的门到绝望的门，是最后的一门语言，还是关门便会想起的面容？

关门是艺术，那开门便是梦。好梦与坏梦只归于在柴门前的幻想。叩门又是什么？那门是一堵似墙非墙的"板状物"，拒绝透露秘密给你，须给它诚挚的问好。

香还是臭？富贵还是贫穷？一切不过是一堆肉和一片雨。雨洗净财富，使肉变臭，使富贵之门被雨水填充，深似海。

"千金闸"的掉落演绎了一扇人道主义之门。一丛芭蕉成了一扇门，打开后是另一扇"新师门"，这师门还为三只兔子开辟了"新北大"。雪堆积了三尺，就算再高，老师依旧在睡觉，同学依旧在等待。

打开门，看到了生命的象征，这象征通往"光明之门"。

敲门

付润石（十二岁）

一扇沉重的青铜大门，刻满花纹，粗糙、沉重而又古老。拿一把黄金钥匙，插入锁眼，轻轻地开门，看见来自世界的一缕阳光……

地狱上的沉思者，沉思着生与死、地狱和天堂。门的尽头传来天堂圣女的歌声和西西弗斯的哀叹。

一扇门，那样坚定地立在墙中，开了又关，关了又开，门内人渴望探索门外的光明，门外人渴望寻找门内的秘密。门关着。一个个人敲着它被侵蚀的表面："让我进来！"他们喊着，门并不搭理，它如一个守卫者，守护着不为人知的秘密。

门本身就是为墙而生，是为冲破墙的束缚而产生的通向光明的道路，可你为什么不为我们打开？敲门人想。

"你是一个半开放的宇宙，是自由女神的第一个婴孩，沉思者为你思考，梅特林克为你带来了追求幸福的人，郭文因为你，因为人道主义而死去。中国的门，沉思的门……你的作用乃是让人找到生命的归宿。打开你的门罢，无论它里面是什么。"追求真理者这样问。

门沉默着，紧关着，不让任何事物溜过。门上刻着但丁的箴言，马丁·路德的《九十五条论纲》。它在沉默中永恒，在永恒中沉默。

"打开你的门！"勇敢者怒吼着，"无论你关着的是什么，战争，疾病，幽灵，思念之王，还是未来之城，都请你打开！你纵有尖牙利爪，也难逃被打开的命运。我们有西西弗斯的决心，有耶稣的信念，即使将你磨成铜渣，熔成铜水，也要探寻你背后的秘密！"

"走开！"铜门说道，"你没有钥匙，没有通行证，通向世界的大门永远不向你打开。我想大笑，狂笑，尽管我不知道该如何大笑，狂笑。我永恒，而你短暂；我是真理，而你是错误。走开，你这缺乏想象力的人。"

许多人走了，门沉默着，永恒地沉默着。剩下的人，执着地站在门口，思考着推和敲的秘密。

"门，敞开你的心扉吧，我们深知我们没有资格，也不应该打开这门，我们知道这门通向四面八方，藏着秘密和我们的内心。我们并非诗人，也不是英雄，在永恒的你的面前不过是沧海一粟。但是，打开你的门吧，为了我们的好奇心，我们深知一打开那门，也许就不再能满足，但为了真理和光明，我们甘愿献出一切。"他们叩着门，抚摸着它古老的皮肤，诚恳地说。

"我没有门，"门说，"你们总是怀着希望开门又绝望地关上门，真理和光明，是在追求开门的过程中获得的。"

门开了，里面只是一片空白。

穷门富门

项郑恬（十二岁）

一座幽深的老宅直愣愣地立在一间轻飘飘的小木屋前。风儿在飞速地穿梭。宅门越发紧紧地贴着墙，生怕被风掠走它脸上的财气。柴门在另一边快活地打着旋子，在风中"咿咿呀呀"地唱着歌谣。

"老门，你倒是来玩玩啊！"柴门朝宅门撇撇嘴。

宅门慢吞吞地吐出几个字："门的责任就是看家，而不是在风中狂欢。"宅门闭上眼睛不理会柴门。

柴门越发地不依不饶："哎呀！你胡说。肯定是因为你又重又老，生怕这风把你的红漆刮去了。"

宅门睁开眼睛，紧张地看着周围的一草一木，低声说："小子，你知不知道福门有多沉重！我可是守护着主人的全部秘密……"宅门紧锁着眉头，脸上的红漆变得有点儿苍白，偷偷地又拉紧了一点儿门闩，等到一阵风过去了，对着柴门小心地说出了几句话："我的主人干的坏事可……可多了呢，要不然白手起家哪有这么富……贵。他可什么都干得出。可哪有人干坏事不心虚啊。他就把这些秘密都锁在这个宅子里。我要……和你一样玩乐，这些秘密不就走漏了吗？"这时风又来了，宅门慌忙地缩进了宅口，紧张地闭起了红眼。柴门满不在乎地继续"狂欢"，毕竟一个穷门能有多少秘密呢？

后来柴门的主人富了，它也被改成了略微好看些的木门，但是他还是没有背负秘密。直到现在它还在风中"狂欢"。至于宅门呢？嘿！正躺在柴门脚下的土里等待着腐坏。

生门

黄云翀（十二岁）

一扇门，敞开着，紧闭着，半掩着。人的一生如门一般，总是在开与关之间不断地抉择。

敞开的门，或许过于开放。在一个包容的世界里，敞开的门意味着可以进进出出，意味着更多的机会，同时也意味着更多的沉默。敞开的门，透露的总是酒肉的香味，也许还有醉如泥的气息。敞开的门，总是太猛烈，寒风从中呼啸而过，意志再强的人都会被打倒。也许，敞开的门太明亮，刺眼的光芒会使我们徘徊不定。

紧闭的门，或许过于阴沉。在一个多元的世界，袒露心声也是一种过失。紧闭的门，使得里外两个不同的世界，形成两种不同的性格。在不同的环境，瞬间打开这扇门，也许一切都很冷漠。一扇禁门，隔离了君与民，隔离了两类心。人心叩门，叩得激烈，而门里，又有谁为谁的声音去开门呢？紧闭的门，一个世界与一个房间，多么狭隘。开阔的天空与井底之蛙相互对照，谁都知道关门是那么愚昧和麻木。紧闭的门，当被贴上马丁·路德的《九十五条论纲》时，才知道门里与门外的差别。也许，黑暗的闸门终究会轰然倒塌。

半掩的门，是半开放的，玻璃金字塔只能看见卢浮宫的冰山一角，然而，它也是封闭的，只是虚影之间带有实像而已。穿过凯旋门的军队，迟早还会再次凯旋。然而月有阴也有晴，人有悲也有欢。门时关时开，开时人心开，关时人心闭。

门是在虚实之间摆动的。然而，门不能彻底关上，因为当门一关上，人也就关上了，就再也打不开了。

一扇门——两个世界

郭锴宁（十二岁）

傍晚，天黑时分，森林边上德纳第夫妇家的小旅馆开了灯，夏虫吱吱地响着。

一位男子路过这儿，想寄宿一晚。这时，屋内传来德纳第粗暴的吼声，还踢着木门，木门呻吟了几声，被撞开了。

一位衣着破烂的小姑娘慢吞吞地走了出来，拎着一个水桶。接着，德纳第喊道："臭娃娃，快点儿！"随后，呼地一声关上了门。

那名男子默默地注视着这一切，然后进了旅店。"请问先生，您要什么吗？"德纳第夫人满面堆笑。男子没有马上回答她，只是靠在椅背上，陷入了沉思。

过了不久，小女孩拎着一大桶水回来了。"臭娃娃，你上哪儿去了？那么久才回来。"德纳第夫人对她一顿臭骂。那名男子注视着，更加沉默了……

进了同一扇门，看到的也是同样的事物，为何受到的待遇如此不同？或许人生来的阶级是不同的吧，有人出生就是奴隶，有人生来则是地主，是什么使他们遭受不平等的待遇？

我是穷人，地位是卑微的，我盗窃过，也劳役过，还当过市长，在经历的所有苦难和快乐之中，好像总有一扇门打开又关上。那是什么门？好像在一扇门中同时存在两个世界——地位的分界。

天已经漆黑一片了，虫子也不叫了。那位男子猛地惊醒，发现只有一支蜡烛发着极其微弱的光，闪着闪着。

他悄悄地起身，看了看旁边熟睡的小女孩，轻轻地叫醒了她，她睁开蒙胧的双眼，疑惑地看着这位从未遇见过的陌生叔叔。

"你想干什么？我不允许你带走她！"旁边的德纳第夫人惊醒了。"珂赛特呀，"他顿了顿，"本来就应该由我带走。""你是谁？"他微微一笑，说："我是冉·阿让。"

话音刚落，他，冉·阿让，带着珂赛特走了，将她带到了与自己没有隔阂的同一个世界。

关于一扇门的采访稿

张舜宇（十一岁）

采访人：张舜宇

被采访者：门

采访时间：2019 年 11 月 11 日

采访地点：门前

张：为什么您爱在墙上？

门：因为我是墙上的一个开口，

　　我是一片可以开关的墙，

　　所以我是墙的嘴，

　　就像你们的嘴离不开脸一样，

　　我也离不开墙。

张：您认为您的意义是什么？

门：我是文章的线索，

　　我把秘密藏在身后，

　　我在"程门立雪"里表示尊重，

　　我把宇宙为你们打开，

　　我让你们能够接触科学，

我是世界中敞开的陷阱，

我是绝望的面具，

最重要的是，

我会把世界隔开。

张：请您讲讲关于把世界隔开的事，好吗？

门：好的。

比如杜甫就写过：

"朱门酒肉臭，路有冻死骨。"

我成为朱门、红门、富门时，

我把富人与穷人分开。

你听过门当户对吗？

我把皇宫与外城分开。

我将侯门与侯门外的人分开。

也有人写过：

"在小竹门外 / 作为一个世界 / 把你等待。"

张：您觉得是"侯门一入深似海"好，

还是"侯门一入生死海"好？

门：侯门是"一入深似海"好，

宫门才应该是"一入生死海"好。

张：您觉得杜甫写的"朱门酒肉臭"好，

还是"朱门酒肉香"好？

门：当然是"酒肉臭"。

张：为什么？

门：那是杜甫说的。

张：您与爱结王子有什么关系吗？

门：当然有。

他就是进了关着的我成了瞎子。

何况，

城市的我昼夜无不闭关，

乡村的我半睁半闭，

结果：

城里人去了乡村多是不敢进去，

乡村人看我关着就爱进去，成了瞎子。

张：您觉得您最大的特点是什么？

门：我把一切藏在我后面。

世界的尽头

陈姝含（十二岁）

人的一生，都在寻找世界的尽头。所有的绊脚石，所有的飞跃，都证明了这一点。你离世界的尽头越来越近了，世界的尽头有什么？

有一天，世界对我说："你想成为在沙滩上种花的孩子吗？"

"想。但还有点儿远。"我说。

"只要你知道，世界的尽头有什么就行了。"世界说。

"世界的尽头？"

"你不如去问问他们。"世界隐去了。

他们？它们？

"你知道世界的尽头吗？"我问。

"世界的尽头，就是一块在纸上看不见的石头。"这是一块石头，一块丑石。"这块石头是一种幸福。上古时期的松间明月曾经照在了它的身上；李白酒壶中翻滚的月光，淌过了它的晨霜；《红楼梦》中的宝玉，帮它画过眼角；有断臂的维纳斯，凝视着远方的大卫。"

这是石，它的门，是被雕刻家打开的。

"你知道世界的尽头吗？"我问。

"世界的尽头？哦，是初夏。"是准备了二十年，只为了一个盛夏的蝉。"它使夏天永久地鸣唱，最初的哭喊，最后的询问，一样没有回音；它只有悲惨的命运，不过百合花赋予了它美好的嗓音。"

这是蝉，百合花的芬芳倾泻下它的门。

"你知道世界的尽头吗？"我问。

"应该是草丛里的星星吧？就像一颗会呼吸的钻石，为了光明。每个人都在捕捉它，捕捉的不过是夏，不过是光。或许人们还在捕捉一种语言。"

这是萤火虫，在草丛旁有一棵苹果树，树下是一个少年。

"世界的尽头？当然是一个苹果！"这是少年牛顿的回答。这时的他还没有发现地心引力，不过，少年牛顿心中的门早已被开启。

"先生，世界的尽头是什么？"我问。

"不过是少年狂吧。潮水涌来，却见人生如水，少年之狂必定会射雕。"是金庸"南来北手，少年行，一事能狂便少年。少年者，狂也"。

这是少年狂。金庸的门被武侠小说打开，被少年打开。

"你知道世界的尽头吗？"我问。

"世界的尽头，是一张嘴。或许是一种威胁；或许是爱结王子的右眼；或许是人与人之间的隔膜。卑鄙是卑鄙者的通行证，高尚是高尚者的墓志铭。它还是生命之严峻流动的一部分，你关上，你打开，时间便在这通往脉搏的路口中消逝了。"城说："一定是门。"

世界说："现在你知道了吗？"

"门？"我问。

"你知道了一部分。"世界说。我淡去了。"我是不会告诉你的，门外就是一个狂少年在沙滩上的幸福石旁，伴随着蝉和百合花的声音，还有流萤的光，门里的秘密就是种花。"

世界的尽头，不过是一扇门，只是所有人都在想着如何把爱结王子的眼睛扭动，绝没有想到爱结王子的右眼已经失明，门也无需钥匙。

"你知道世界的尽头是什么吗？"我问我自己。

门的回忆

陈禹含（十岁）

摸着门上时光的留影，变化的岁月，一重一重门带给你的不仅仅是黑暗，或许是一个新的世界。不知从什么时候起，门有了记忆。

它——记得那扇叶公超的门。声声疑问与猜想也全都融入到里面了。一重一重的疑惑，疑惑着我们，那是属于时空的质疑。

它——记得那个陷阱，也知道那绝望的面具。因为，这些就是它自己。其实谁也不知道"门"本身是什么，就连"门"自己也不知道自己的本质。

它——记得有一个门口，早晨，阳光照在草地上，一个孩子站在草地上，微风拍打着他的脸颊。一个人就是一扇门，一扇会思考的门，在默默地思考之中，不知不觉，便成了一扇门。

它——记得当朝阳照在凯旋门时，拿破仑已然来临。这是一扇胜利之门，也是一扇失败之门。

门一扇一扇，思考一重一重。思考的门便是人，一个思考的人便是门。

如今，我打开一扇又一扇门，走到了最后一扇——沉思之门。我思考着，推开门是另一个自己。

门

贾檀欣（十一岁）

天全黑了，静悄悄的，伸手不见五指，我走在路上，冰冷刺骨的风拍打着我，我向黑暗慢慢摸索，终于摸到了一扇门。我敲了敲，门发出了沉闷的声音，没有回应，我又加大了力度，没有回应。外面开始下雪了，我的手开始冻得发抖，"砰！"我用力推开了门，它尖锐地叫了一声，然后归于一片沉寂。

我进入一个房间，黑压压的，使我喘不上气，一股无形的黑气在乱蹿，蹿进我前后的两扇门里，我知道我得选择，可我的脚却像是生了根似的，或许是我的鞋被粘住了。空气越发沉闷，我知道任何犹豫和胆怯都没有用，我往前跨了一步——

熙熙攘攘的人群吵得我眯起了眼睛，阳光也直刺刺地射向我，我面前是高高在上的埃菲尔铁塔，我随着人群来到巨大的拱门下。我缓缓地倾斜身子，想靠一会儿，可是却碰到了一根栏杆，我睁开眼睛，头顶上方一圈圈地飞满了墙壁，壁上紧紧贴着一扇门。不一会儿，我的四周停满了墙壁，壁上的门像嘴巴，一张一合；窗户像眼睛，一眨一眨。我随手拉开一扇门，家门；又一扇，校门；又一扇，

144

车门；店门、城门……到处都是门，我在这些门之间穿梭，如同我每天的生活。

可是，最后的那扇门无论如何都打不开，我只好原路返回。

又是伸手不见五指，不过雪已经积了厚厚的一层，左边的灯亮着，太师椅上正睡着一人。我继续往前走，又回到了最初那扇粗糙的门前。

在走了漫漫长路后，我懂了，其实每个人都活在门里，而最后那扇打不开的门，正是林斤澜笔下的诗人所说的："谁也没有打开过，那是生命的门。"

我与“门”的对话

图书在版编目（CIP）数据

与世界对话.与门对话/傅国涌编著.—昆明：
晨光出版社，2021.9（2025.3重印）
ISBN 978-7-5715-1089-3

Ⅰ.①与… Ⅱ.①傅… Ⅲ.①人文科学-通俗读物
Ⅳ.① C49

中国版本图书馆 CIP 数据核字（2021）第 073463 号

声明

　　本书在编写过程中，选入了一些与本书主题相关的散文、诗歌等作品，部分入选作品的原作者 / 译者未能及时取得联系，谨致以深深的歉意。敬请本书录选作品的原作者 / 译者及时与我们联系，以便我们支付稿酬并赠送样书。

与世界对话 **与门对话**　傅国涌 编著

YU SHIJIE DUIHUA
YU MEN DUIHUA

出 版 人　吉　彤

责任编辑　李　政　常颖雯
封面插画　高畅 www.changgao.co
内文插画　刘艺婷（13 岁）

出　　版　晨光出版社
地　　址　昆明市环城西路 609 号新闻出版大楼
邮　　编　650034
发行电话　（010）88356856　88356858
印　　刷　小森印刷霸州有限公司
经　　销　各地新华书店
版　　次　2021 年 9 月第 1 版
印　　次　2025 年 3 月第 2 次印刷
开　　本　130mm×185mm　32 开
印　　张　5.5
字　　数　91 千
I S B N　978-7-5715-1089-3
定　　价　32.00 元

退换声明：若有印刷质量问题，请及时和销售部门（010-88356856）联系退换。